हिंदी पाठ्यपुस्तक

# साक्षी

## हिंदी पाठमाला 7

No. 1 Best Seller

लेखिका
आल्या गुप्ता

AMANDA IMPRINT
(An Imprint of Laxmi Publications Pvt. Ltd.)
An ISO 9001:2015 Company
कोच्चि • कोलकाता • गुवाहाटी • चेन्नई • जालंधर
बेंगलुरु • मुंबई • राँची • लखनऊ • हैदराबाद
नई दिल्ली

साक्षी हिंदी पाठमाला-7



भारत में मुद्रित और जिल्दबंद
टाइपसैट : जे. आर. इंटरप्राइजिज, दिल्ली
नवीनतम संस्करण
ISBN 978-93-5138-024-5



भारत में प्रकाशित, द्वारा–

AMANDA
IMPRINT
(An Imprint of Laxmi Publications Pvt. Ltd.)
An ISO 9001:2015 Company
113, गोल्डन हाउस, दरियागंज,
नई दिल्ली-110002, इंडिया
फोन : 91-11-4353 2500, 4353 2501
फैक्स : 91-11-2325 2572, 4353 2528
www.laxmipublications.com info@laxmipublications.com

शाखाएँ

| | | | |
|---|---|---|---|
| ✆ | कोच्चि | 0484-237 70 04, | 405 13 03 |
| ✆ | कोलकाता | 033-22 27 43 84 | |
| ✆ | गुवाहाटी | 0361-254 36 69, | 251 38 81 |
| ✆ | चेन्नई | 044-24 34 47 26, | 24 35 95 07 |
| ✆ | जालंधर | 0181-222 12 72 | |
| ✆ | बेंगलुरु | 080-26 75 69 30 | |
| ✆ | मुंबई | 022-24 93 12 61 | |
| ✆ | राँची | 0651-220 44 64 | |
| ✆ | लखनऊ | 0522-220 99 16 | |
| ✆ | हैदराबाद | 040-27 55 53 83, | 27 55 53 93 |

C—00842/019/010
मुद्रक : Ajit Printers, Tronica

# प्रस्तावना

**साक्षी** हिंदी पाठमाला की श्रृंखला का निर्माण राष्ट्रीय शिक्षा नीति के अंतर्गत एनसीईआरटी, सीबीएसई तथा राज्यों के बोर्ड द्वारा निर्धारित नवीनतम पाठ्यक्रम के अनुसार किया गया है।

बच्चों में देखकर सीखने की प्रवृत्ति जन्म से ही होती है। किसी भी वस्तु को देखकर उसके बारे में जानने की इच्छा उनके मन में स्वतः ही उठ जाती है। बच्चों की इसी प्रवृत्ति को ध्यान में रखकर उनसे जुड़े खान-पान, रहन-सहन, आचार-विचार, रुचि आदि पर **साक्षी** हिंदी पाठमाला के पाठ तैयार किए गए हैं। रोचक पाठ बच्चों की जिज्ञासा एवं भाषा में रुचि बढ़ाने में सहायक सिद्ध होंगे।

इस पाठमाला को तैयार करते समय भाषा की सभी योग्यताओं– सुनना, बोलना, पढ़ना, लिखना, सोचना, समझना, समझकर करना आदि को सिखाने का प्रयास किया गया है।

यह पुस्तक श्रृंखला अभ्यास पुस्तिका सहित तैयार की गई है। पाठ के अंत में शब्दार्थ, मौखिक व लिखित प्रश्न, पाठ से संबंधित काल्पनिक प्रश्न, भाषा ज्ञान संबंधी प्रश्न, बहुविकल्पीय प्रश्न (MCQs), गतिविधियाँ तथा परियोजना निर्माण कार्य सम्मिलित किए गए हैं।

**साक्षी** हिंदी पाठमाला में साहित्य की सभी विधाओं– कविता, कहानी, चित्रकथा, लोककथा, डायरी-लेखन, संस्मरण, जीवनी, लेख, निबंध, एकांकी, यात्रा-वृत्तांत आदि का समावेश है। हिंदी निदेशालय भारत सरकार द्वारा संस्तुत वर्तनी के पारंपरिक व मानक दोनों रूपों से बच्चों को अवगत कराया गया है। इस पुस्तक श्रृंखला का उद्देश्य बच्चों की सृजनशीलता, मौलिकता, कल्पनाशीलता, जिज्ञासा एवं चारित्रिक विकास पर बल देना है। आशा है कि यह पुस्तक विद्यार्थियों के लिए उपयोगी सिद्ध होगी।

पुस्तक को और अधिक रोचक, स्तरीय एवं प्रामाणिक बनाने हेतु विद्वानों के सुझाव सादर आमंत्रित हैं।

*–लेखिका*

# विषय-सूची

# पाठ संबंधी गतिविधियाँ

| पाठ का नाम | बोलना, सुनना और पढ़ना | लिखना | शैक्षिक गतिविधियाँ | जीवन-मूल्य तथा पारिवारिक, सामाजिक व राष्ट्रीय चेतना |
|---|---|---|---|---|
| 1. धरती का आँगन इठलाता (कविता) | कविता का प्रभावशाली ढंग से वाचन, शब्दों का शुद्ध उच्चारण तथा मौखिक प्रश्नों के उत्तर देना। | प्रश्नों के उत्तर शब्दों में, लघु एवं दीर्घ उत्तर लिखना तथा अर्थग्रहण संबंधी प्रश्नोत्तर लिखना, अशुद्धिबोधन, पर्यायवाची, अनुस्वार, शब्द परिवार बनाना। | भारतीय गुणों व संस्कारों की जानकारी एकत्र करना, चित्र वर्णन करना, छायावादी कविता के विषय में जानकारी एकत्र करना, नैतिक प्रश्नों के उत्तर देना। | धरती माँ के प्रति सम्मान का भाव बढ़ाना। |
| 2. बहादुर दीपा (डायरी-लेखन) | डायरी का प्रभावशाली ढंग से वाचन, शब्दों का शुद्ध उच्चारण तथा मौखिक प्रश्नों के उत्तर देना। | प्रश्नों के उत्तर शब्दों में, लघु व दीर्घ उत्तर लिखना तथा बहुविकल्पीय प्रश्नों के उत्तर देना, ध्वनि-शब्द, पर्यायवाची, प्रत्यय एवं सर्वनाम व उसके भेद। | चित्र को देखकर घटना का वर्णन करना, प्रोजेक्ट बनाना, जानकारी एकत्र करना एवं नैतिक व काल्पनिक प्रश्नों के उत्तर देना। | सच्ची घटनाओं से अवगत कराना एंव डायरी लिखने के लिए प्रेरित करना। |
| 3. स्वामी विवेकानंद (जीवनी) | जीवनी का प्रभावशाली ढंग से वाचन, शुद्ध उच्चारण तथा मौखिक प्रश्नों के उत्तर देना। | प्रश्नों के उत्तर शब्दों में, लघु एवं दीर्घ उत्तर लिखना एवं बहुविकल्पीय प्रश्नों के उत्तर देना, उपसर्ग, प्रत्यय, कारक, निपात एवं सर्वनाम व उसके भेद। | निबंध एवं लेख लिखना, जानकारी एकत्र करना, जीवनी पढ़ना तथा काल्पनिक एवं नैतिक प्रश्नों के उत्तर देना। | महापुरुषों के जीवन से प्रेरणा लेने की सीख देना तथा परोपकार की भावना जगाना। |
| 4. शह और मात (लोककथा) | लोककथा का प्रभावशाली ढंग से वाचन, शुद्ध उच्चारण तथा मौखिक प्रश्नों के उत्तर देना। | प्रश्नों के उत्तर शब्दों में, लघु एवं दीर्घ उत्तर लिखना, बहुविकल्पीय प्रश्नों के उत्तर देना, मुहावरे, नामधातु क्रिया, देशज शब्द एवं लिंग। | पत्र-लेखन, जानकारी संग्रहण, प्रतियोगिता का आयोजन तथा काल्पनिक एवं नैतिक प्रश्नों के उत्तर देना। | लालच से बचने की सीख देना। |
| • क्या आप जानते हैं? | | | | सामान्य ज्ञान में वृद्धि करना। |
| 5. एक तिनका (कविता) | कविता का रोचक ढंग से वाचन, शुद्ध उच्चारण तथा मौखिक प्रश्नों के उत्तर देना। | लघु एवं दीर्घ उत्तर लिखना, बहुविकल्पीय प्रश्न, समानार्थी-शब्द, विशेषण से भाववाचक संज्ञा बनाना एवं वचन। | अनुच्छेद-लेखन, जानकारी एकत्र करना तथा काल्पनिक एवं नैतिक प्रश्नों के उत्तर देना। | घमंड न करने की सीख देना। |
| 6. ऊँचाइयों से आगे (जीवनी) | | | | लक्ष्य की ओर निरंतर बढ़ने की प्रेरणा देना। |
| 7. अकबरी लोटा (हास्य-कथा) | हास्य-कथा का प्रभावशाली ढंग से वाचन, शुद्ध उच्चारण तथा मौखिक प्रश्नों के उत्तर देना। | प्रश्नों के उत्तर शब्दों में, लघु एवं दीर्घ उत्तर लिखना, बहुविकल्पीय प्रश्न, शब्द-युग्म, समश्रुति भिन्नार्थक शब्द, विलोम शब्द एवं समानार्थी शब्द। | चित्र देखकर हास्य-लेखन, नाट्य मंचन, कहानी-संग्रहण एवं काल्पनिक एवं नैतिक प्रश्नों के उत्तर देना। | जीवन में हास्य के महत्त्व को समझाना। |
| 8. पिता का पत्र (पत्र) | पत्र का प्रभावशाली ढंग से वाचन, शुद्ध उच्चारण तथा मौखिक प्रश्नों के उत्तर देना। | प्रश्नों के उत्तर शब्दों में, प्रश्नों के लघु एवं दीर्घ उत्तर लिखना, बहुविकल्पीय प्रश्न, सर्वनाम, कारक एवं विलोम शब्द। | पत्र-लेखन, प्रसिद्ध काव्य-लेखन, पत्र-वाचन, चित्र-संग्रहण तथा काल्पनिक एवं नैतिक प्रश्नों के उत्तर देना। | महापुरुषों के विचारों से अवगत कराना। उनके जीवन से प्रेरणा लेने की सीख देना। |
| 9. जिनेवा (यात्रा-वृत्तांत) | यात्रा-वृत्तांत का प्रभावशाली ढंग से वाचन, शुद्ध उच्चारण तथा मौखिक प्रश्नों के उत्तर देना। | लघु एवं दीर्घ प्रश्नोत्तर लिखना, बहुविकल्पीय प्रश्नों के उत्तर देना, संधि-विच्छेद एवं समास-विग्रह। | यात्रा-वर्णन, अनुच्छेद-लेखन, परियोजना निर्माण, जानकारी एकत्र करना, सूची बनाना, काल्पनिक एवं नैतिक प्रश्नों के उत्तर देना। | देशाटन से ज्ञान में वृद्धि करवाना। |
| • क्या आप जानते हैं? | | | | सामान्य ज्ञान में वृद्धि करना। |

| पाठ का नाम | बोलना, सुनना और पढ़ना | लिखना | शैक्षिक गतिविधियाँ | जीवन-मूल्य तथा पारिवारिक, सामाजिक व राष्ट्रीय चेतना |
|---|---|---|---|---|
| 10. वस्त्रों के रेशे (लेख) | लेख का प्रभावशाली ढंग से वाचन, शुद्ध उच्चारण तथा मौखिक प्रश्नों के उत्तर देना। | प्रश्नों के उत्तर शब्दों में, प्रश्नों के लघु एवं दीर्घ उत्तर देना, बहुविकल्पीय प्रश्न, प्रत्यय, समानार्थी, वाक्य शोधन एवं गद्यांश-आधारित प्रश्नोत्तर। | अनुच्छेद-लेखन, गोष्ठी का आयोजन, परियोजना बनाना तथा काल्पनिक एवं नैतिक प्रश्नों के उत्तर देना। | वस्त्र-निर्माण संबंधी जानकारी देना। |
| 11. शक्ति और क्षमा (कविता) | कविता का प्रभावशाली ढंग से वाचन, शुद्ध उच्चारण तथा मौखिक प्रश्नों के उत्तर देना। | प्रश्नों के उत्तर शब्दों में, प्रश्नों के लघु एवं दीर्घ उत्तर लिखना, बहुविकल्पीय प्रश्न, विलोम शब्द, समानार्थी एवं संबंधबोधक। | संवाद-लेखन, कविता-संकलन एवं पाठन तथा काल्पनिक एवं नैतिक प्रश्नों के उत्तर देना। | शक्ति और क्षमा के महत्त्व का ज्ञान कराना। |
| 12. सोना (संस्मरण) | संस्मरण का प्रभावशाली ढंग से वाचन, शुद्ध उच्चारण तथा मौखिक प्रश्नों के उत्तर देना। | प्रश्नों के लघु एवं दीर्घ उत्तर लिखना, बहुविकल्पीय प्रश्न, गद्यांश आधारित प्रश्नोत्तर, संधि-विच्छेद, शब्द-युग्म, प्रत्यय एवं उपसर्ग। | रेखाचित्र-लेखन, संवाद-लेखन तथा काल्पनिक एवं नैतिक प्रश्नों के उत्तर देना। | जीवों के प्रति दया की भावना जागृत करना। |
| 13. कुंडलियाँ (पद) | कुंडलियों का प्रभावशाली ढंग से वाचन, शुद्ध उच्चारण तथा मौखिक प्रश्नों के उत्तर देना। | प्रश्नों के उत्तर शब्दों में, लघु उत्तर लिखना, सप्रसंग व्याख्या करना, बहुविकल्पीय प्रश्न, मानक रूप, वाक्य बनाना एवं समानार्थी शब्द। | कहानी-लेखन, अनुच्छेद-लेखन तथा काल्पनिक एवं नैतिक प्रश्नों के उत्तर देना, घटना वर्णन एवं काव्य-संग्रहण। | जीवन-मूल्यों की सीख देना। |
| • क्या आप जानते हैं? | | | | सामान्य ज्ञान में वृद्धि करना। |
| 14. धनराज पिल्लै (साक्षात्कार) | साक्षात्कार का प्रभावशाली ढंग से पाठन, शुद्ध उच्चारण तथा मौखिक प्रश्नों के उत्तर देना। | प्रश्नों के उत्तर शब्दों में, लघु एवं दीर्घ उत्तर लिखना, बहुविकल्पीय प्रश्नों के उत्तर चुनना, विशेषण, क्रियाविशेषण, संबंधबोधक एवं शब्द परिवार। | चित्र बनाना, जीवनी पढ़ना, परियोजना तैयार करना तथा काल्पनिक व नैतिक प्रश्नों के उत्तर देना। | धैर्य व जुझारू प्रवृत्ति द्वारा विपरीत परिस्थितियों को वश में करने की सीख देना। |
| 15. कभी हार नहीं होती (कविता) | कविता का प्रभावशाली ढंग से वाचन, शब्दों का शुद्ध उच्चारण तथा मौखिक प्रश्नों के उत्तर देना। | प्रश्नों के उत्तर शब्दों में, लघु एवं दीर्घ उत्तर लिखना तथा अर्थग्रहण संबंधी प्रश्नोत्तर लिखना, बहुविकल्पीय प्रश्नों के उत्तर चुनना, विलोम पर्यायवाची, मुहावरे एवं विशेषण संबंधी प्रश्न करना। | चित्र देखकर कहावत लिखना, ऐतिहासिक कहानी व जीवनी पढ़ना तथा नैतिक एवं काल्पनिक प्रश्नों के उत्तर देना। | असफलताओं से सीख लेकर आगे बढ़ना सिखाना। |
| 16. बूढ़ी काकी (कहानी) | कहानी का प्रभावशाली ढंग से पाठन, शुद्ध उच्चारण तथा मौखिक प्रश्नों के उत्तर देना। | प्रश्नों के उत्तर शब्दों में, लघु एवं दीर्घ उत्तर लिखना, बहुविकल्पीय प्रश्नों के उत्तर देना, संधि-विच्छेद, संज्ञा, उपसर्ग एवं प्रत्यय। | कहानी-संग्रह करना, अनुभव वर्णन तथा काल्पनिक व नैतिक प्रश्नों के उत्तर देना एवं अनुच्छेद-लेखन। | वृद्धों के प्रति सम्मान की भावना जागृत करना। |
| 17. हिमालय की बेटियाँ (लेख) | – | – | – | प्राकृतिक सौंदर्य से आनंद व उल्लास का भाव उत्पन्न करना। |
| 18. प्राकृतिक आपदाएँ (निबंध) | निबंध का प्रभावशाली ढंग से वाचन, शुद्ध उच्चारण तथा मौखिक प्रश्नों के उत्तर देना। | प्रश्नों के उत्तर शब्दों में, लघु व दीर्घ उत्तर लिखना, बहुविकल्पीय प्रश्नों के उत्तर चुनना, विलोम शब्द, प्रत्यय एवं तद्भव शब्द। | घटना का वर्णन, परियोजना निर्माण, नाट्य-मंचन तथा काल्पनिक व नैतिक प्रश्नों के उत्तर देना। | ग्लोबल वार्मिंग तथा प्राकृतिक आपदाओं से निपटने की जानकारी देना। |
| 19. सच्ची तीर्थयात्रा (कहानी) | कहानी का प्रभावशाली ढंग से वाचन, शुद्ध उच्चारण तथा मौखिक प्रश्नों के उत्तर देना। | प्रश्नों के उत्तर शब्दों में, लघु व दीर्घ उत्तर लिखना, मुहावरे, वर्ण-विच्छेद एवं समुच्चयबोधक। | निबंध-लेखन, कहानी पढ़ना, नाट्य-मंचन तथा काल्पनिक व नैतिक प्रश्नों के उत्तर देना। | 'मानव सेवा ही सच्ची सेवा है' का भाव जागृत करना। |
| • क्या आप जानते हैं? | | | | सामान्य ज्ञान में वृद्धि करना। |
| 20. यक्ष के प्रश्न | | | | पौराणिक ग्रंथों से ज्ञानार्जन करवाना। |
| 21. कर्मवीर | | | | कर्मठ बनने की सीख देना। |
| 22. सौर ऊर्जा: कल कल की ऊर्जा | | | | सौर ऊर्जा की जानकारी देना। |

# पाठ्यक्रम

**छठी, सातवीं और आठवीं कक्षा के लिए हिंदी पाठ्यक्रम–**

छठी कक्षा में आने तक विद्यार्थी हिंदी में पढ़ने बोलने और लिखने की कुशलताओं पर अधिकार प्राप्त कर चुके होंगे। इन कक्षाओं में पिछली योग्यताओं का विकास करते हुए मातृभाषा की नई योग्यताओं का विकास करना है।

विश्व के सभी देशों की मातृभाषा के पाठ्यक्रम कुछ इस प्रकार तैयार किए जाते हैं कि विद्यार्थी अपने स्तर की कहानियाँ पढ़कर उनका आनंद ले सकें। वे प्रकृति के सौंदर्य, देश-प्रेम आदि की सरल और सहज कविताएँ पढ़कर अपने शब्दों में उनकी सराहना कर सकें। अपने स्तर के विषयों पर अनुच्छेद या निबंध लिख सकें। विद्यार्थियों के भावी जीवन में भाषा से संबंधित जो भी आवश्यकताएँ होंगी, उनकी तैयारी सातवीं कक्षा तक पूरी हो जानी चाहिए। पहली कक्षा से छठी कक्षा तक उन्होंने जो कुछ भी सीखा है, उसका विस्तार सातवीं कक्षा में अपेक्षित होगा।

**छठी, सातवीं और आठवीं कक्षाओं में मातृभाषा शिक्षण के उद्देश्य–**

- मौखिक अभिव्यक्ति का विकास करना।
- शिष्टाचार, धैर्य और ध्यानपूर्वक सुनने की योग्यता का विकास करना।
- अपने विचारों को लिखकर अभिव्यक्त करने की योग्यता का विकास करना।
- व्याकरण-सम्मत भाषा का प्रयोग करने में समर्थ बनाना।
- अध्ययन की कुशलताओं का विकास करना।
- सौंदर्यानुभूति एवं सृजनशीलता का विकास करना।
- भाषा के सौंदर्य की सराहना करने की योग्यता का विकास करना।
- साहित्य के प्रति अभिरुचि का विकास करना।
- चिंतन की योग्यता का विकास करना।
- लेखन संबंधी योग्यताओं का विकास करना।
- भाषा विचार एवं शैली की सराहना करने में सक्षम बनाना।
- भाषा के प्रमुख तत्वों से परिचित करवाना।
- विद्यार्थियों को भाषायी क्रियाकलापों में भाग लेने के लिए प्रोत्साहित करना।
- सर्वधर्म समभाव का विकास करना। सभी धर्मों के प्रति आदर और वसुधैव कुटुंबकम् की भावना का विकास करना।
- अपने क्षेत्र विशेष तथा देश के प्रति प्रेम और गौरव की भावना का विकास करना।

**छठी, सातवीं और आठवीं कक्षा के विद्यार्थियों से मातृभाषा संबंधी अपेक्षित योग्यताएँ–**

**सुनने संबंधी अपेक्षित योग्यताएँ–**

- वर्णित या पठित सामग्री, वार्ता, भाषण, परिचर्चा, वार्तालाप, वाद-विवाद, कविता-पाठ आदि का सुनकर अर्थ ग्रहण करना, मूल्यांकन करना और अभिव्यक्ति को जानना।
- कहानियाँ, कविताएँ, पहेलियाँ, नाटक, चित्र-वर्णन, संक्षिप्त भाषण, विवरण आदि को सुनकर समझना और उनका आनंद लेना।
- वक्ता के मनोभावों–हर्ष, क्रोध, आश्चर्य, घृणा, झिड़की, करुणा, व्यंग्य आदि को समझना।
- विभिन्न स्रोतों से जानकारी एकत्र कर उसे याद रखना।

**बोलने संबंधी अपेक्षित योग्यताएँ–**

- बोलते समय भली प्रकार उच्चारण करना। गति, लय, आरोह-अवरोह, उचित बलाघात व अनुतान सहित बोलना। सस्वर कविता-वाचन, कथा-कहानी अथवा घटना सुनाना।
- भाषा-संबंधी सभी सामूहिक क्रियाकलापों में सक्रिय रूप से भाग लेना।
- आत्मविश्वास और सहजता से धाराप्रवाह में बोलना।
- व्याकरण-सम्मत भाषा का प्रयोग करना।
- अपने विचारों को स्वतंत्र व क्रमबद्ध रूप से व्यक्त करना।
- वार्तालाप, नाटक, लघु भाषण आदि में सक्रिय रूप से भाग लेना।
- कहानियाँ सुनाने, पहेलियाँ बूझने, अंत्याक्षरी, लघु भाषण आदि का अभ्यस्त होना।
- भय से मुक्त होकर प्रभावशाली ढंग से भाषण देना।

**पढ़ने संबंधी अपेक्षित योग्यताएँ–**

- गद्य और पद्य का उचित आरोह-अवरोह के साथ धाराप्रवाह पढ़ना।
- एकाग्रचित्त होकर अभीष्ट गति के साथ मौन पठन करना।
- शब्दों और मुहावरों का अर्थ समझकर वाक्यों में प्रयोग करना।
- पठित वस्तु के महत्त्वपूर्ण तथ्य, मुख्य विचार और केंद्रीय भाव को पहचानना।
- भाषा, विचार एवं शैली की सराहना करना।
- बाल-साहित्य आदि की उपलब्ध सामग्री को पढ़ना।

- पत्र, चार्ट, पोस्टर आदि की लिखित सामग्री को सहजता से पढ़ना।
- मौन पठन द्वारा पाठ्यवस्तु का अर्थग्रहण करने की योग्यता प्राप्त करना।

### लिखने संबंधी अपेक्षित योग्यताएँ–

- परिचित और अपरिचित शब्दों व वाक्यों को शुद्ध रूप से लिखना। लिखते हुए व्याकरण-सम्मत शुद्ध एवं प्रांजल भाषा का प्रयोग करना।
- लिपि के मानक रूप का ही प्रयोग करना।
- लेखन संबंधी नियमों एवं कुशलताओं का ज्ञान होना।
- पूर्ण-विराम, अर्द्ध-विराम, प्रश्नवाचक एवं विस्मय बोधक चिह्नों का सही प्रयोग करना।
- औपचारिक एवं अनौपचारिक पत्रों को लिखने में समर्थ होना।
- अपने विचारों को लिखकर प्रकट करने में समर्थ होना।
- लिखने में मौलिकता और सर्जनात्मकता लाना।
- शब्दों एवं वाक्यों का अनुलेख और श्रुतिलेख लिखना।
- चित्र-वर्णन, यात्रा-वर्णन, संवाद-लेखन तथा सरल विषयों पर अनुच्छेद एवं निबंध लिखना।

### चिंतन संबंधी अपेक्षित योग्यताएँ–

- अपने स्तर के अनुरूप किसी बात को सुनकर या पढ़कर समझना, उस विषय पर प्रश्न करना तथा किए गए प्रश्नों के निःसंकोच उत्तर देना।
- सुनी हुई या पढ़ी हुई बातों में उचित-अनुचित का भेद करना।
- पठित वस्तु के शीर्षक के आधार पर विषय-वस्तु को समझना, केंद्रीय भाव तथा सारांश बताना।
- यथार्थ और कल्पना में अंतर कर पाना।
- वर्णित घटना या दृश्यावलोकन पर प्रतिक्रिया व्यक्त करना।
- मूर्त विषयों के बारे में अनुभूति और भाव व्यक्त करने के लिए सही शब्द चुनना।

### छठी, सातवीं और आठवीं कक्षा के लिए शैक्षिक क्रियाकलाप–

- विभिन्न विषयों पर आधारित– क्यों, कैसे, क्या वाले प्रश्नों को पूछना तथा उसमें कक्षा के सभी विद्यार्थियों की प्रतिभागिता सुनिश्चित करना।
- हिंदी वर्णमाला की सूक्ष्म अंतर वाली ध्वनियों में विभेदीकरण तथा शुद्ध उच्चारण का प्रशिक्षण देना।
- सामूहिक एवं व्यक्तिगत रूप से कविता, कहानी, घटना आदि को सुनाने के लिए प्रोत्साहित करना।
- वाद-विवाद तथा लघु भाषणों द्वारा आत्मविश्वास में बढ़ोतरी करना।
- विद्यालय के विभिन्न कार्यक्रमों में भाग लेने तथा उनका संचालन करने संबंधी कार्य करवाना।
- परिचित एवं अपरिचित विषयों पर संवाद का आयोजन करवाना।
- अधूरी कहानी को पूरा करवाना तथा अनुमान के आधार पर घटना या कहानी का वर्णन करवाना।
- पाठ्यपुस्तक तथा अतिरिक्त सामग्री को पढ़ते समय उच्चारण, विराम-चिह्न, उचित स्थान पर बलाघात आदि पर ध्यान देते हुए पढ़वाना। उचित गति एवं प्रवाह के साथ पढ़ने पर बल देना।
- मौन वाचन करवाना, चित्र, चार्ट, मानचित्र, विज्ञापन, पत्र एवं सूचना पट से संबंधित लिखित सामग्री पर अनेक प्रश्न पूछना।
- शब्दों एवं वाक्यों का अनुलेख एवं श्रुतिलेख करवाना।
- विभिन्न विषयों पर चित्र, मॉडल, चार्ट आदि तैयार करवाना तथा उनका विवरण लिखवाना।
- विभिन्न विषयों पर अनुच्छेद या निबंध लिखवाना।
- चित्र को देखकर वाक्य, कहानी, कविता, अनुच्छेद आदि लिखवाना।

### पाठ्य-सामग्री एवं विषय-वस्तु–

कक्षा 6, 7 और 8 के लिए पाठ्यपुस्तक अभ्यास पुस्तिका सहित तैयार की गई है। इन पुस्तकों के लगभग 160, 168, 172 पृष्ठ तैयार किए गए हैं। पाठ्यपुस्तक की विषय-वस्तु उद्देश्यों, योग्यताओं और शैक्षिक क्रियाकलापों पर आधारित है। बच्चों के परिवेश से संबंधित सामग्री तथा भाषायी कुशलताओं और योग्यताओं को ध्यान में रखकर विषय तैयार की गई है। निम्न बिंदुओं को ध्यान में रखकर पाठ्यपुस्तक का निर्माण किया गया है–

पौराणिक एवं साहित्यिक कहानियाँ, लोककथाएँ, पर्यावरण संरक्षण, कृषि और प्रौद्योगिकी, विज्ञान, राष्ट्रीय एकता, मौलिक एकता, दर्शनीय स्थल, यात्रा-वर्णन, खोज, महापुरुषों की जीवनियाँ, पत्र, डायरी, कविताएँ, साक्षात्कार, एकांकी, निबंध, लेख, त्योहार, सर्वधर्म समभाव, नैतिक मूल्यपरक पाठ आदि।

# मैं और मेरी प्रिय पुस्तक

**मैं**

अपना
चित्र

**प्रिय पुस्तक**

**नाम**–..................

**कक्षा**–..................

**चित्र में रंग भरिए**–

# प्रसिद्ध पुस्तकें

**इन पुस्तकों से संबंधित जानकारी एकत्रित कीजिए।**

गीता

कुरान

गुरुग्रंथ

महाभारत ग्रंथ

बाइबिल

रामायण

अग्नि की उड़ान

गीतांजलि

मधुशाला

कागज के कैनवास

कफ़न

कामायनी

# 1 धरती का आँगन इठलाता

धरती का आँगन इठलाता!
शस्य-श्यामल भू का यौवन
अंतरिक्ष का हृदय लुभाता!

जौ-गेहूँ की स्वर्णिम बाली
भू का अंचल वैभवशाली
इस अंचल से, चिर-अनादि से
अंतरंग मानव का नाता!

आओ नए बीज हम बोएँ
विगत युगों के बंधन खोएँ
भारत की आत्मा का गौरव
स्वर्गलोक में भी न समाता!

भारत जन रे धरती की निधि
न्यौछावर उन पर सहृदय विधि
दाता वे, सर्वस्व दान कर
उनका अंतर नहीं अघाता!

हम वसुधैव कुटुंब ध्येय रख,
बने नए युग के निर्माता!

**–सुमित्रानंदन पंत**

**शिक्षण संकेत**

- बच्चों को समझाएँ कि हमारी धरती माँ हमें सुख-समृद्धि प्रदान करती हैं। इसलिए हमें सदा इसका मान-सम्मान बढ़ाना चाहिए।

## शब्दार्थ

| | | | |
|---|---|---|---|
| इठलाता | इतराता | शस्य-श्यामला | हरी-भरी, धन-धान्य से भरपूर |
| यौवन | युवावस्था | स्वर्णिम | सुनहरी |
| अंचल | देश या प्रांत का एक भाग, क्षेत्र | वैभवशाली | समृद्ध |
| चिर-अनादि | जिसका आदि-अंत न हो | अंतरंग | आत्मीयता से भरा |
| विगत | बीता हुआ | निधि | भंडार |
| विधि | विधाता, प्रकार से | सर्वस्व | सब कुछ |
| अंतर | हृदय | अघाता | भरता |
| वसुधैव कुटुंब | सारी पृथ्वी ही परिवार है। | ध्येय | उद्देश्य |

## अभ्यास

### मौखिक

1. **पढ़िए और बोलिए–**

   शस्य-श्यामला हृदय स्वर्णिम न्यौछावर निर्माता

2. **सोचकर बताइए–**

   (क) कविता के रचयिता का नाम बताइए।

   (ख) कविता में किसकी बात की जा रही है?

   (ग) भारत की आत्मा का गौरव कहाँ नहीं समाता?

### लिखित

1. **नीचे दिए प्रश्नों के उत्तर एक शब्द या एक वाक्य में दीजिए–**

   (क) भू का यौवन कैसा है? ..........................................

   (ख) जौ-गेहूँ की बाली कैसी होती है? ..........................................

   (ग) कवि क्या बोने को कह रहा है? ..........................................

   (घ) 'दाता वे' किसे कहा गया है? ..........................................

2. नीचे दिए प्रश्नों के लघु उत्तर दीजिए–

(क) हमारी धरती माँ का आँगन कैसा है?

..................................................................................................

..................................................................................................

(ख) किससे मानव का अंतरंग नाता है?

..................................................................................................

..................................................................................................

(ग) धरती माँ की क्या-क्या विशेषताएँ हैं?

..................................................................................................

..................................................................................................

(घ) कविता के आधार पर बताइए कि हमारा ध्येय क्या होना चाहिए?

..................................................................................................

..................................................................................................

3. नीचे दिए प्रश्नों के दीर्घ उत्तर दीजिए–

(क) कविता के माध्यम से कवि धरती माँ व इसके वासियों के किस-किस गुण का बखान कर रहा है?

..................................................................................................

..................................................................................................

..................................................................................................

..................................................................................................

(ख) कविता से हमें क्या प्रेरणा मिलती है?

..................................................................................................

..................................................................................................

..................................................................................................

..................................................................................................

(ग) 'वसुधैव कुटुंब' से कवि का क्या तात्पर्य है?

..................................................................................................

..................................................................................................

..................................................................................................

..................................................................................................

# अर्थग्रहण संबंधी प्रश्न

4. **निम्नलिखित काव्यांश को पढ़कर पूछे गए प्रश्नों के संक्षिप्त उत्तर दीजिए–**

आओ नए बीज हम बोएँ
विगत युगों के बंधन खोएँ
भारत की आत्मा का गौरव
स्वर्गलोक में भी न समाता!

भारत जन रे धरती की निधि
न्यौछावर उन पर सहृदय विधि
दाता वे, सर्वस्व दान कर
उनका अंतर नहीं अघाता!

(क) कविता व कवि का नाम लिखिए।

**कविता–**.................................................................................

**कवि–**.................................................................................

(ख) कवि किनसे नए बीज बोने के लिए कह रहा है?

.................................................................................

.................................................................................

(ग) स्वर्गलोक में क्या नहीं समाता?

.................................................................................

.................................................................................

(घ) सर्वस्व दान करने पर भी किनका हृदय भरता नहीं है?

.................................................................................

.................................................................................

(ङ) 'विगत' व 'अंतर' का अर्थ लिखिए।

**विगत–**.............................. **अंतर–**..............................

## भाषा ज्ञान

1. **निम्न शब्दों को शुद्ध करके पुनः लिखिए–**

| | | | |
|---|---|---|---|
| अन्तरिक्ष – | ...................... | यूगों – | ...................... |
| सवर्गलोक – | ...................... | गेहुं – | ...................... |
| निर्माता – | ...................... | कुटूम्ब – | ...................... |

2. **पर्यायवाची शब्द लिखिए–**

| | | | |
|---|---|---|---|
| धरती – | ...................... | कुटुंब – | ...................... |
| मानव – | ...................... | स्वर्ग – | ...................... |

**अनुस्वार**–जिस वर्ण के उच्चारण से हवा केवल नाक से निकले और उसे वर्ण के ऊपर बिंदु ( ं ) के रूप में अंकित किया जाए, यही बिंदु अनुस्वार कहलाता है। अनुस्वार का प्रयोग प्रत्येक वर्ग के पंचम वर्ण (ङ्, ञ्, ण्, न् + म्) के स्थान पर किया जाता है जैसे–गङ्गा–गंगा, खम्भा–खंभा।

3. **कविता में आए अनुस्वार युक्त शब्दों को चुनकर लिखिए–**

...................... ...................... ......................

...................... ...................... ......................

4. **शब्द परिवार बनाइए–**

त्म – ...................... ...................... ......................

स्थ – ...................... ...................... ......................

स्व – ...................... ...................... ......................

न्य – ...................... ...................... ......................

## कविता से आगे

- हमें अपनी धरती माँ का मान-सम्मान बढ़ाने के लिए क्या करना चाहिए?
- एक भारतीय होने के नाते हममें क्या-क्या गुण और कैसे संस्कार होने चाहिए?

# 2 बहादुर दीपा

**26 जनवरी, 2007**

30 अप्रैल, 2006 को विद्यालय की छुट्टी थी। मैं उस दिन देर तक सोना चाहती थी पर माँ ने आकर सुबह-ही-सुबह जगा दिया। माँ ने कहा, "दीपा उठो, रोहित को उल्टियाँ हो रही हैं। उसे लेकर अभी अस्पताल में जाना होगा। मैं अस्पताल जा रही हूँ, तुम नाश्ता करके कोठी के पास बने ताल पर जाकर कपड़े धो लाना।" मैंने कपड़ों के ढेर को देखा और मुँह बनाते हुए कहा, "माँ! इतने सारे कपड़े मैं अकेले कैसे धो पाऊँगी?" माँ ने समझाते हुए कहा, "तुम चिंता मत करो, रोहित को दवाई दिलाकर मैं ताल पर आ जाऊँगी। तब तक तुम कपड़ों में साबुन लगा लेना।" मैंने सहमति में सिर हिला दिया। रोहित मेरा छोटा भाई है। माँ भाई को लेकर अस्पताल चली गई।

माँ के जाने के बाद मैंने घर की साफ़-सफ़ाई की। फिर नाश्ता करके मैं कपड़ों की गठरी उठाकर कोठी की ओर चल दी। गरमियों के दिन थे। दोपहर का समय था। ताल पर पहुँचकर मैंने कपड़ों की गठरी खोली और गीत गुनगुनाते हुए कपड़ों में साबुन लगाना आरंभ कर दिया। मैं अपने कार्य में तल्लीन थी कि तभी छपाक से कोई पानी में कूदा। मैंने देखा कि हमारे पड़ोस का शरारती लड़का गणेशराम पानी में तैरते हुए मुसकरा रहा है। मुझे भिगोने के लिए ही उसने जानबूझकर मेरे पास पानी में छलाँग लगाई थी। मैंने उसे डाँटते हुए दूर जाकर तैरने को कहा। वह कहाँ मानने वाला था! उसने चबूतरे पर चढ़कर फिर से पानी में छलाँग लगाई। पानी उछलकर मुझे पूरा भिगो गया। उसे देखकर अशोक नाम का एक छोटा लड़का भी उसी की तरह पानी में

**शिक्षण संकेत**

- बच्चों को बताएँ कि यह पाठ सच्ची घटना पर आधारित है। 30 अप्रैल, 2006 को राजस्थान की 12 वर्षीया दीपा ने आठ वर्षीय गणेशराम और पाँच वर्षीय अशोक की जान बचाई थी। 26 जनवरी, 2007 को उसे राष्ट्रीय वीरता पुरस्कार से सम्मानित किया गया था।
- बहादुरी की अन्य कहानियाँ सुनाकर बच्चों में साहस और बहादुरी की भावना जगाएँ।

कूदा। फिर बारी-बारी से दोनों कूदने लगे। उन्हें ऐसा करने में बड़ा मज़ा आ रहा था। उन पर ध्यान न देकर मैं अपने काम में लग गई। मैं सोच रही थी कि न जाने माँ को अस्पताल में कितना समय लगेगा! पता नहीं भाई को कुछ आराम मिला भी होगा या नहीं! यह सोचकर मैं जल्दी-जल्दी कपड़ों पर साबुन लगाने लगी।

जब उन दोनों ने देखा कि उनके कृत्य पर मैं कोई प्रतिक्रिया नहीं कर रही तो वे तैरते-तैरते ताल के बीचों-बीच चल दिए। ताल के बीच में पानी बहुत गहरा था। उसमें भँवर भी पड़ते थे। शायद उन्हें पानी की गहराई का अनुमान नहीं था। उन्हें ताल के बीच जाता देख मैं चिल्लाई। मैं उन्हें वापस आने के लिए कह रही थी। परंतु वे दोनों या तो मेरी आवाज़ नहीं सुन पाए या उन्होंने जानबूझकर अनसुना कर दिया। तभी मैंने देखा कि गणेशराम जो अशोक से आगे था, भँवर की चपेट में आने वाला है। मैं फुर्ती से पानी में कूद पड़ी। मुझे तैरना आता था। मैं बहुत अच्छी तैराक तो नहीं थी पर जितना भी सीखा था उस दिन वह मेरे खूब काम आया। मैंने अशोक को जो हतप्रभ होकर गणेशराम को देख रहा था, उसे एक तरफ़ धकेला। उसके बाद गणेशराम जो भँवर में लगभग फँस गया था, उसका हाथ अपने हाथ से पकड़ लिया। फिर पूरी ताकत के साथ उसे बाहर खींच लिया। यद्यपि भँवर में फँसने के बाद बच पाना संभव नहीं होता पर यह ईश्वर की लीला थी या उसकी किस्मत जो पहले ही प्रयास में उसका हाथ मेरे हाथ में आ गया और मैं उसे खींच पाने में सफल रही। यदि ऊपरवाले का साथ न रहा होता तो शायद मैं भी भँवर की चपेट में आ गई होती।

हम तीनों अभी सँभले भी न थे कि एक विशालकाय मगरमच्छ हमारी ओर बढ़ने लगा। मेरे हाथ-पैर फूलने लगे पर मैंने हिम्मत न हारी। मैं दोनों को साथ ले तेज़ी से किनारे की ओर बढ़ने लगी। अशोक छोटा था और गणेशराम भँवर की चपेट में आने के कारण मौत के मुँह में जाते-जाते बचा था इसलिए डर के मारे उन दोनों की शक्ति लगभग क्षीण हो चुकी थी। उन्होंने अपने हाथ-पैर चलाने बंद कर दिए थे। मैं किसी तरह उन्हें धकेलते हुए किनारे पर जा पहुँची।

तब तक माँ भी वहाँ आ चुकी थी। उनके साथ कुछ अन्य महिलाएँ भी कपड़े धोने के लिए आई थीं। उन्होंने स्थिति को भाँपते हुए पत्थरों की वर्षा करके मगरमच्छ को आगे नहीं बढ़ने दिया और हम बच गए। अचेत गणेशराम को प्राथमिक उपचार के लिए डॉक्टर के पास ले जाया गया।

मेरी बहादुरी की बात सुनकर गाँववालों ने मेरी जमकर प्रशंसा की। विद्यालय में भी मुझे इनाम दिया गया। 24 जनवरी, 2007 को दिल्ली में प्रधानमंत्री मनमोहन सिंह के हाथों पुरस्कार पाकर मुझे बेहद खुशी हुई। 26 जनवरी की परेड में हाथी की सवारी करके मुझे बहुत अच्छा लगा। लोगों का इतना सम्मान व प्यार पाकर मेरे मन में यह इच्छा जाग्रत हो उठी है कि मैं बड़ी होकर या तो अध्यापक बनूँगी या फिर डॉक्टर, जिससे जीवनभर लोगों की सेवा कर सकूँ!

## शब्दार्थ

| | | | | | |
|---|---|---|---|---|---|
| ताल | – | तालाब | तल्लीन | – | मग्न |
| प्रतिक्रिया | – | क्रिया के विपरीत स्वाभाविक क्रिया | प्राथमिक उपचार | – | आरंभिक इलाज |
| प्रशंसा | – | तारीफ़ | पुरस्कार | – | इनाम |

इन्हें ऐसे भी लिख सकते हैं–

छुट्‌टी – छुट्टी    विद्‌यालय – विद्यालय    यद्‌यपि – यद्यपि

# संकलनात्मक एवं रचनात्मक मूल्यांकन

## मौखिक

1. **पढ़िए और बोलिए–**

चिंता    उल्टियाँ    तल्लीन    सम्मान    विशालकाय

2. **सोचकर बताइए–**

(क) दीपा अकेले ताल पर क्यों गई थी?

(ख) दीपा ने गणेशराम को कैसे बचाया?

(ग) दीपा दिल्ली क्यों आई थी?

## लिखित

1. **नीचे दिए प्रश्नों के उत्तर शब्दों में दीजिए–**

(क) माँ अस्पताल क्यों गई थी? ..........................................

(ख) गणेशराम और अशोक कहाँ कूद रहे थे? ..........................................

(ग) भँवर में कौन फँस गया था? ..............................

(घ) किसे देखकर दीपा के हाथ-पैर फूलने लगे? ..............................

(ङ) दिल्ली में दीपा को कौन-सा पुरस्कार दिया गया? ..............................

2. नीचे दिए प्रश्नों के लघु उत्तर दीजिए–

(क) माँ के जाने के बाद दीपा ने क्या किया?

..............................................................................................................................

..............................................................................................................................

(ख) दीपा ने गणेशराम को क्यों डाँटा?

..............................................................................................................................

..............................................................................................................................

(ग) बच्चे मगरमच्छ से कैसे बचे?

..............................................................................................................................

..............................................................................................................................

(घ) दीपा बड़ी होकर क्या बनना चाहती है और क्यों?

..............................................................................................................................

..............................................................................................................................

3. नीचे दिए प्रश्नों के दीर्घ उत्तर दीजिए–

(क) बच्चों को तालाब के बीचों-बीच जाते देख दीपा ने क्या किया?

..............................................................................................................................

..............................................................................................................................

..............................................................................................................................

..............................................................................................................................

(ख) दिल्ली आकर दीपा क्यों खुश थी? उसके मन में कौन-सी इच्छा जाग्रत हुई?

..............................................................................................................................

..............................................................................................................................

..............................................................................................................................

..............................................................................................................................

**4. नीचे दिए प्रश्नों के उपयुक्त उत्तर पर (✓) का चिह्न लगाइए–**

(क) कपड़े धोने की बात सुनकर दीपा ने मुँह क्यों बनाया?

(*i*) उसे कपड़े धोने नहीं आते थे।

(*ii*) वह कामचोर थी।

(*iii*) धोए जाने वाले कपड़े बहुत अधिक थे।

(*iv*) कपड़े बहुत गंदे व पुराने थे।

(ख) गणेशराम ने दीपा के पास ही पानी में छलाँग क्यों लगाई?

(*i*) वह दीपा से डाँट खाना चाहता था।

(*ii*) वह दीपा को भिगोना चाहता था।

(*iii*) वह दीपा से नफ़रत करता था।

(*iv*) वह दीपा को वहाँ से भगाना चाहता था।

(ग) दीपा क्यों चिल्लाई?

(*i*) वह लड़कों को तालाब के बीचों-बीच जाने से रोकना चाहती थी।

(*ii*) वह लड़कों के साथ खेलना चाहती थी।

(*iii*) वह लड़कों को ताल से बाहर निकालना चाहती थी।

(*iv*) वह लड़कों से नाराज़ थी।

(घ) गणेशराम को डॉक्टर के पास क्यों ले जाया गया?

(*i*) उसे मगरमच्छ ने घायल कर दिया था।

(*ii*) उसके पेट में पानी भर गया था।

(*iii*) वह अचेत हो गया था।

(*iv*) वह अपनी स्मरण-शक्ति खो चुका था।

(ङ) मगरमच्छ बच्चों तक क्यों नहीं पहुँच पाया?

(*i*) वह भँवर में फँस गया था।

(*ii*) वह थक गया था।

(*iii*) वह बच्चों का शिकार नहीं करना चाहता था।

(*iv*) महिलाओं ने उस पर पत्थरों की वर्षा कर दी थी।

## भाषा ज्ञान

**1. उचित ध्वनि शब्द भरकर वाक्य पूरे कीजिए–**

(क) बादलों की ............................ ने तेज़ वर्षा होने का संकेत दे दिया।

(ख) घनघोर वर्षा के बीच बिजली .................... लगी।

(ग) वर्षा शुरू होते ही चारों ओर मेंढकों के .................... का शोर गूँजने लगा।

(घ) हवा .................... चल रही थी।

(ङ) पक्षियों के .................... ने प्रकृति में मधुर संगीत भर दिया।

**2. नीचे दिए शब्दों के पर्यायवाची शब्द लिखिए–**

| | | | | | |
|---|---|---|---|---|---|
| कपड़ा– | .................... | .................... | हाथ – | .................... | .................... |
| ईश्वर – | .................... | .................... | हाथी – | .................... | .................... |
| इनाम – | .................... | .................... | पानी – | .................... | .................... |
| ताल – | .................... | .................... | भाई – | .................... | .................... |

**3. नीचे दिए शब्दों में 'आई' प्रत्यय लगाकर शब्द बनाइए–**

| | | | |
|---|---|---|---|
| लड़ – | .................... | पढ़ – | .................... |
| बढ़ – | .................... | दिख – | .................... |
| चर – | .................... | भर – | .................... |
| पकड़ – | .................... | रगड़ – | .................... |

**4. नीचे दिए वाक्यों में सर्वनाम शब्दों को रेखांकित कीजिए और उनके भेद भी लिखिए–**

(क) उसे लेकर अस्पताल जाना होगा। अन्य पुरुषवाचक सर्वनाम

(ख) वह कहाँ मानने वाला था! ....................

(ग) मैं अपने कार्य में लग गई। ....................

(घ) उनके साथ कुछ महिलाएँ भी थीं। ....................

(ङ) मगरमच्छ हमारी ओर बढ़ने लगा। ....................

(च) हम तीनों बच गए। ....................

(छ) तब तक तुम कपड़ों में साबुन लगा लेना। ....................

## डायरी से आगे

- यदि दीपा के स्थान पर उसकी माँ ताल पर अकेले कपड़े धोने जाती तो क्या होता?
- यदि दीपा की माँ व अन्य महिलाएँ समय पर नहीं पहुँचती तो क्या होता?

## नन्हे हाथों से

- बहादुरी की किसी सच्ची घटना को अपनी कॉपी में लिखिए।
- चित्र को देखकर घटना का वर्णन कीजिए।

..........................................................................

..........................................................................

..........................................................................

..........................................................................

..........................................................................

..........................................................................

..........................................................................

..........................................................................

..........................................................................

..........................................................................

## कुछ करने को

- 26 जनवरी के अवसर पर पुरस्कृत बहादुर बच्चों को हाथी की सवारी कराई जाती है। बहादुर बच्चों को कौन-कौन से पुरस्कार दिए जाते हैं? पता लगाइए। इंटरनेट या समाचार पत्र की सहायता से ऐसे बच्चों के चित्र और सच्ची घटनाओं को एकत्र करके अपनी प्रोजेक्ट फाइल में लगाइए।
- भारत सरकार द्वारा 'संजय चोपड़ा और गीता चोपड़ा पुरस्कार' क्यों दिए जाते हैं? ये प्रथम बार कब, किसे और क्यों दिए गए? पता लगाइए।

## आप क्या करेंगे?

- यदि आप अपने छोटे भाई या बहन के साथ छत पर बैठे हों और उत्पाती बंदरों का झुंड आ जाए तो आप क्या करेंगे?
- आप दूरदर्शन पर अपना मनपसंद कार्यक्रम देख रहे हों और आपका छोटा भाई या बहन उस समय कार्टून चैनल देखने का हठ करे तो आप क्या करेंगे?

# 3 स्वामी विवेकानंद

स्वामी विवेकानंद का जन्म 12 जनवरी, 1863 को कोलकाता उच्च न्यायालय के एक प्रसिद्ध वकील विश्वनाथ दत्त के यहाँ हुआ। बचपन में स्वामी विवेकानंद का नाम नरेंद्रनाथ था।

नरेंद्रनाथ बचपन से ही मेधावी थे। उनकी बुद्धि इतनी प्रखर थी कि वे एक बार जो सुन या पढ़ लेते, उन्हें याद हो जाता था। उन्होंने एक वृद्ध पड़ोसी से सुनकर ही 'मुग्ध बोध' संस्कृत व्याकरण के सभी सूत्र कंठस्थ कर लिए थे। उनकी माँ नित्य रामायण और गीता का पाठ करती थीं जो नरेंद्रनाथ को सुनकर ही कंठस्थ हो गए थे।

दीन-दुखियों के प्रति नरेंद्रनाथ को विशेष अनुराग था। निर्धन को देखते ही उनका हृदय करुणा से भर जाता था। उनके पास जो कुछ होता, वे तुरंत उसे दे देते थे। उनको ध्यान-धारण और पूजन-वंदन के संस्कार भी मिले थे। जब वे ध्यानमग्न होकर बैठते तो अपनी सुध-बुध खो देते थे, तब उन्हें बाह्य संसार का ज्ञान ही न रहता था। एक दिन साथियों के साथ खेल-खेल में ही वे ध्यान लगाकर बैठ गए। संयोग से वहाँ एक साँप आ गया। लड़के 'साँप-साँप' चिल्लाते हुए भाग गए परंतु नरेंद्रनाथ ध्यानमग्न बैठे रहे। शोर सुनकर घर के लोग दौड़े-दौड़े आए। देखा कि साँप फन फैलाए नरेंद्रनाथ के पास बैठा है। उसको भगाते तो संभवतः नरेंद्रनाथ को काट लेता। इस बात से डरकर सब लोग चुपचाप खड़े होकर भगवान से प्रार्थना करने लगे। थोड़ी देर बाद साँप स्वयं ही चला गया। तब नरेंद्रनाथ का ध्यान भंग किया गया।

अठारह वर्ष की आयु तक नरेंद्रनाथ संसार के अनेक धर्मों और ग्रंथों का अध्ययन कर चुके थे। वे हिंदू धर्म और दर्शन से उनकी तुलना भी कर चुके थे। उनके मन में बार-बार यही प्रश्न उठते– यदि सभी परमपिता की संतान हैं तो संसार में इतनी विषमता क्यों है और क्या किसी ने उस परमपिता परमेश्वर के दर्शन किए हैं?

एक दिन एक पड़ोसी के घर श्री रामकृष्णदेव परमहंस से उनकी भेंट हो गई। श्री रामकृष्णदेव

**शिक्षण संकेत**

- बच्चों को स्वामी विवेकानंद के प्रसिद्ध वाक्य 'वेदों की ओर लौटो' के बारे में बताएँ। साथ ही रामकृष्ण मिशन की स्थापना, उद्देश्य व शिक्षा के बारे में भी जानकारी दें।
- स्वामी विवेकानंद के जीवन से प्रेरणा लेते हुए बच्चों में परोपकार की भावना जगाएँ।

परमहंस कोलकाता के पास दक्षिणेश्वर में काली मंदिर के पुजारी थे। वे संसार की मोह-माया से विरक्त, सिद्ध संत थे जो सभी धर्मों की समानता का उपदेश देते थे। उस दिन नरेंद्रनाथ ने ऐसा गाना गाया जिसे सुनकर रामकृष्णदेव समाधिस्थ हो गए। उन्होंने नरेंद्रनाथ को दक्षिणेश्वर आने का निमंत्रण दिया।

दक्षिणेश्वर पहुँचकर उन्होंने रामकृष्णदेव से प्रश्न किया– "क्या ईश्वर को देखा जा सकता है?" रामकृष्ण बोले, "क्यों नहीं? उन्हें वैसे ही देखा जा सकता है जैसे मैं तुम्हें देख रहा हूँ। परंतु ऐसा करना कौन चाहता है? स्त्री-पुरुष के लिए लोग घड़ों आँसू बहाते हैं, रुपए-पैसे के लिए रोज़ रोते हैं परंतु भगवान की प्राप्ति न होने पर कौन रोता है?" रामकृष्णदेव की इस बात से नरेंद्रनाथ बहुत प्रभावित हुए और दक्षिणेश्वर आने-जाने लगे जिससे उनकी वैराग्य-वृत्ति बढ़ने लगी। उनकी माता उच्चाकांक्षिणी महिला थीं। उनकी इच्छा थी कि उनका बेटा बहुत बड़ा वकील बने और विवाह करके दुनिया के सारे सुख भोगे। इसके लिए वे रामकृष्ण जी की सेवा में भी उपस्थित हुईं और उनसे विनती की परंतु जिसने आत्मानुभूति का स्वाद चख लिया हो, उसे लौकिक सुख-भोग कैसे अपनी ओर खींच सकते हैं!

रामकृष्णदेव नरेंद्रनाथ से बहुत प्रेम करते थे। एक दिन बातचीत करते हुए रामकृष्णदेव ने उन्हें स्पर्श कर लिया। स्पर्श करते ही नरेंद्रनाथ संज्ञाशून्य हो गए। वे मानो किसी और लोक में पहुँच गए। उस समय के अनुभव को नरेंद्रनाथ ने कुछ इस तरह बताया– "उस समय मेरी आँखें खुली हुई थीं। मैंने देखा कि दीवारों के साथ कमरे का सारा सामान तेज़ी से घूमता हुआ कहीं विलीन हो रहा है। मुझे लगा कि सारे ब्रह्मांड के साथ मैं भी एक महाशून्य में विलीन हो रहा हूँ। मैं भय से काँप उठा। जब मेरी चेतना लौटी तो मैंने देखा कि ठाकुर रामकृष्णदेव मुसकराते हुए मेरी पीठ पर हाथ फेर रहे हैं।" इस घटना का नरेंद्रनाथ पर गहरा प्रभाव पड़ा।

उन्होंने सोचा कि जिस शक्ति के सामने मुझ जैसा दृढ़ इच्छाशक्ति वाला बलिष्ठ युवक भी बच्चा बन गया, वह व्यक्ति निश्चय ही अलौकिक शक्तिसंपन्न है। उनको श्री रामकृष्ण परमहंस पर पूर्ण श्रद्धा हो गई और वे लगभग पाँच वर्ष तक उनके संपर्क में रहे। अपने आध्यात्मिक बल और उदार धार्मिक प्रवृत्ति से परमहंस ने उन्हें वशीभूत कर लिया और नरेंद्रनाथ ने उन्हें अपना गुरु मान लिया।

श्री रामकृष्ण की महासमाधि के पश्चात उनके शिष्यों का भार नरेंद्रनाथ पर आ गया। उन्होंने बड़ी श्रद्धा और तन्मयता से इस भार को वहन किया तथा स्वामी विवेकानंद के नाम से प्रसिद्ध हो गए। संन्यास लेने के बाद स्वामी विवेकानंद की तपस्या और

देशभ्रमण का जीवन प्रारंभ हुआ। सत्य की खोज के लिए उन्होंने सभी प्रकार के कष्ट प्रसन्नतापूर्वक सहे। 'करतल भिक्षा, तरुतल वास' की सीख मन में लिए वे हिमालय के बद्रीनाथ-केदारनाथ से दक्षिण के कन्याकुमारी तक पूरे देश में घूमते रहे। महान और गौरवशाली भारत का रूप देखकर श्रद्धा से उनका मस्तक झुक गया। परंतु भारत की सुप्त आत्मा और बंदिनी भारतमाता की दैन्यमूर्ति देखकर उनका मन करुणा से भर गया। उन्हें भारतीय जनता के जीवन के हर पहलू को निकट से देखने का मौका मिला। उन्होंने झोंपड़ियाँ देखीं, आलीशान महल देखे और संपन्न व्यक्तियों के हृदय में गरीबों के लिए घोर उदासीनता देखी जिससे उनका हृदय रो उठा।

वे जहाँ जाते, लोगों को उपदेश देते। उनकी वाणी में अपार शक्ति थी। उनके नेत्रों में सम्मोहन था। वे जिससे भी मिलते, बातचीत करते, वही मुग्ध हो जाता। उनकी सभाओं में भारी भीड़ होने लगी। राजा-महाराजा भी उनके शिष्य बनने लगे। वे सबसे कहते– "हम भारतीय पहले हैं; बंगाली, मराठी, गुजराती और मद्रासी बाद में। हम सब मिलकर इस देश के निवासियों की दरिद्रता और अज्ञानता को दूर करने की कोशिश करेंगे। सभी मेरे पास आओ। राम-कृष्ण की संतानो! भारत के सभी निवासियो! मेरे पास आओ। मैं एक ऐसा धर्म चाहता हूँ जो जन-जन को अन्न, वस्त्र और शिक्षा देने के साथ-साथ, उन्हें अपने दुखों को दूर करने की शक्ति भी दे।"

इस प्रकार भ्रमण करते और उपदेश देते हुए जब स्वामी जी मद्रास पहुँचे तो उन्हें अमेरिका में होने वाले प्रथम विश्व धर्म-सम्मेलन के आयोजन का समाचार मिला। इस सम्मेलन में सम्मिलित होने के लिए वे 31 मई, 1883 को जहाज़ से विदेश के लिए निकल पड़े। जहाज़ की डेक से उन्होंने भारतभूमि की ओर देखा और भाव-विभोर हो उठे– "कैसी ज्ञानदायिनी, तेजस्वरूपा है यह मेरी मातृभूमि! कैसा सुंदर सलोना है इसका महिमामय हिमालय! पर हाय रे भारतभूमि! तू पददलित, तिरस्कृत और गुलाम है।" अपने मन की वेदना व्यक्त करते हुए उन्होंने जहाज़ से ही मद्रास के अपने युवा शिष्यों को लिखा– "भारतमाता हज़ारों युवकों की बलि चाहती है पर याद रखो, मनुष्य चाहिए, पशु नहीं।"

11 दिसंबर, 1883 को अमेरिका के शिकागो शहर में विश्व का पहला सर्वधर्म सम्मेलन प्रारंभ हुआ। इस सम्मेलन में संसार के सभी धर्मों के प्रतिनिधि आए हुए थे। सभा भवन अमेरिका के सुशिक्षित स्त्री-पुरुषों से खचाखच भरा था। सभा आरंभ हुई। एक-एक प्रतिनिधि मंच पर आता और अपने धर्म का परिचय देते हुए संक्षिप्त भाषण देता। सभी प्रतिनिधि अपना भाषण तैयार करके लाए थे किंतु स्वामी जी कुछ भी लिखकर नहीं लाए थे। उन्होंने माँ सरस्वती को प्रणाम कर बोलना शुरू किया। उनके गेरुए वस्त्र और आध्यात्मिक तेज से जगमगाते हुए मुखमंडल ने लोगों का ध्यान बरबस ही अपनी ओर आकृष्ट कर लिया। अन्य वक्ताओं की भाँति प्रचलित प्रथा के अनुसार श्रोताओं को संबोधित न कर उन्होंने कहा– "मेरे अमेरिकावासी बहनो और भाइयो!" उनका इतना ही कहना था कि सभा-स्थल करतल ध्वनि से गूँज उठा, मानो किसी ने सम्मोहन कर दिया हो!

जब सभा शांत हुई तो अपना एवं अपने धर्म का परिचय देते हुए स्वामी विवेकानंद ने कहा– "जो धर्म अनादि काल से सब मतों को समान रूप से ग्रहण करने की शिक्षा देता आया है, मैं उसी धर्म का प्रतिनिधि हूँ। जो धर्म दूसरे धर्मावलंबियों को केवल समान दृष्टि से ही नहीं देखता वरन उनके मतों को सत्य भी मानता है। मैं उसी धर्म को

माननेवाला हूँ। जो जाति युगों-युगों से सभी धर्मों तथा जातियों के भयभीत और अत्याचार-पीड़ित मनुष्यों को आदर के साथ आश्रय भी देती रही है, मैं उसी जाति का हूँ। दो हज़ार साल पहले रोम के अत्याचार से भागे हुए यूनानियों ने जिस देश में शरण ली थी और जहाँ आज भी वे निर्विघ्न रह रहे हैं, मैं उस देश का रहने वाला होने के कारण अपने को गौरवान्वित महसूस करता हूँ। संसार के सभी स्थानों से मिटकर भी जिस देश में आज भी पारसी जाति जीवित है, मैं उसी देश का निवासी होने के कारण अपने को गौरवान्वित मानता हूँ।"

अंत में उन्होंने कहा– "सभी धर्मों का गंतव्य एक है। जिस प्रकार विभिन्न मार्गों से बहती हुई नदियाँ समुद्र में ही जाकर गिरती हैं, उसी प्रकार सभी मत-मतांतर परमात्मा की ओर ही ले जाते हैं। मानव धर्म एक है, मानव जाति एक है।" स्वामी जी की वाणी में भारतीय ऋषियों की वाणी झंकृत हो रही थी। लोग मंत्रमुग्ध होकर उनकी बातें सुन रहे थे। सम्मेलन के अंतिम दिन उन्होंने कहा– "यदि कोई यह स्वप्न देखता है कि एक दिन सभी धर्म नष्ट हो जाएँगे, केवल उन्हीं का धर्म रहेगा तो मुझे उन पर दया आती है। वे लोग शीघ्र ही देखेंगे कि उनके विरोध करने पर भी सभी धर्मों के झंडों पर लिखा रहेगा–संग्राम और संघर्ष नहीं, मिलन और शांति; विनाश नहीं, सृजन।"

इस सम्मेलन के पश्चात स्वामी विवेकानंद प्रसिद्ध और जनप्रिय हो गए। अमेरिका में स्थान-स्थान पर उनका स्वागत हुआ। वे तीन वर्ष अमेरिका में ही रहे और वेदांत का प्रचार करते रहे। वहाँ उन्होंने 'न्यूयार्क वेदांत सोसाइटी' की स्थापना भी की।

स्वामी जी का रूप बड़ा सुंदर और भव्य था। उनका शरीर सबल और सुदृढ़ था, दृष्टि में बिजली-सा असर था और मुखमंडल पर आत्म-तेज का आलोक। कठोर बात उनकी जुबान से कभी नहीं निकली। विश्वविख्यात और विश्ववंद्य होते हुए भी उनका स्वभाव अति सरल और व्यवहार अति विनम्र था। उनका पांडित्य अगाध था। वे अंग्रेज़ी के पूर्ण पंडित और अपने समय के सर्वश्रेष्ठ वक्ता थे। वे संस्कृत-साहित्य और दर्शन के विद्वान थे और जर्मन, हिब्रू, ग्रीक, फ्रेंच आदि विभिन्न भाषाओं पर उनका अधिकार था। उनकी वाणी में ऐसा प्रभाव था कि उनके भाषण श्रोताओं के हृदय पर पत्थर की लकीर बन जाते थे। उनके भाषण का यह अंश स्वर्णाक्षरों में लिखा जाने योग्य है–

"प्यारे देशवासियो! पुनीत आर्यावर्त में बसने वालो! क्या तुम अपनी इस तिरस्करणीय भीरुता से वह स्वाधीनता प्राप्त कर सकोगे, जो केवल वीर पुरुषों का

अधिकार है? हे भारतवासी भाइयो! यह अच्छी तरह याद रखो कि सीता, सावित्री और दमयंती तुम्हारी जाति की देवियाँ हैं। हे वीर पुरुषो! मर्द बनो और ललकार कर कहो कि हम भारतीय हैं, हम भारत में रहने वाले हैं। हर एक भारतवासी, चाहे वह कोई भी हो, मेरा भाई है। अनपढ़ भारतीय, निर्धन भारतीय, ऊँची जाति का भारतीय, नीची जाति का भारतीय सब मेरे भाई हैं। भारत मेरा जीवन, मेरे प्राण है। भारत के देवता मेरा भरण-पोषण करते हैं। भारत मेरे बचपन का हिंडोला, मेरे यौवन का आनंद-लोक और मेरे बुढ़ापे का बैकुंठ है।"

स्वामी जी इतने दिन विदेश में रहे पर फिर भी वे भारतभूमि को एक क्षण के लिए भी न भूल सके। उन्होंने अमेरिका से अपने एक पत्र में लिखा– "हमें आगामी पचास वर्षों तक सभी देवताओं को अपने मन से निकाल देना होगा। हमारा एकमात्र जाग्रत देवता होगा– हमारा देश। इस विराट देश की पूजा ही हमारी पूजा होगी। सबसे पहले हम जिस देवता की पूजा करेंगे, वह देवता होगा– भारत का देशवासी।"

भारत लौटने पर जैसे ही विवेकानंद को भारत का समुद्र तट दिखाई दिया, उनकी आँखों से आनंदाश्रु छलक पड़े। वे हाथ जोड़कर एकटक समुद्र तट की ओर देखते रहे। जहाज़ के किनारे पर लगते ही वे दौड़कर भारतभूमि को साष्टांग प्रणाम कर तट की रेत में इस प्रकार लोटने लगे मानो वर्षों के बाद कोई बच्चा माँ की गोद में पहुँचा हो!

भारत लौटने पर स्वामी विवेकानंद ने देशवासियों की सेवा के लिए, रामकृष्ण के संदेश के प्रचार के लिए और जगत के कल्याण के लिए मई 1897 में 'रामकृष्ण मिशन' की स्थापना की। इस संस्था का उद्देश्य लोक-सेवा करते हुए वेदांत का प्रसार करना था। आज भी इस संस्था की शाखाएँ देश और विदेशों में जनकल्याण हेतु कार्य कर रही हैं। इसके साथ ही मानो उनके जीवन का मिशन पूरा हुआ। अधिक श्रम के कारण स्वामी जी का स्वास्थ्य बिगड़ गया। 4 जुलाई, 1902 को स्वामी जी समाधि की अवस्था में पंचभौतिक शरीर को त्यागकर परमधाम को सिधार गए। स्वामी जी माँ भारती के तेजस्वी पुत्र थे। वे आधुनिक भारत के निर्माता थे। उनका व्यक्तित्व बहुमुखी था। वे देशभक्त संत थे और अंतर्राष्ट्रीय धर्मगुरु। आज स्वामी जी हमारे बीच नहीं हैं परंतु आध्यात्मिक ज्योति की जो मशाल वे जला गए हैं, वह सदा के लिए संसार को आलोकित करती रहेगी।

## शब्दार्थ

| | | | | | |
|---|---|---|---|---|---|
| मेधावी | – | तीव्र बुद्धिवाला | प्रखर | – | तीक्ष्ण, तेज़ |
| कंठस्थ | – | ज़बानी याद किया हुआ | अनुराग | – | प्रेम |
| विरक्त | – | भोग विलास आदि से दूर रहने वाला | संज्ञाशून्य | – | चेतना रहित |
| विलीन | – | ओझल, मिल जाना | वशीभूत | – | अधीन, पराधीन |
| पददलित | – | रौंदा हुआ, पैरों से कुचला हुआ | तिरस्कृत | – | अपमानित |
| निर्विघ्न | – | बाधारहित | गंतव्य | – | मंज़िल, लक्ष्य |

इन्हें ऐसे भी लिख सकते हैं– वृद्ध – वृद्ध श्रद्धा – श्रद्धा उद्देश्य – उद्देश्य

# संकलनात्मक एवं रचनात्मक मूल्यांकन

## मौखिक

**1. पढ़िए और बोलिए–**

कंठस्थ करुणा निमंत्रण संज्ञाशून्य आध्यात्मिक दैन्यमूर्ति सम्मेलन

**2. सोचकर बताइए–**

(क) रामकृष्ण परमहंस ने नरेंद्रनाथ के प्रश्नों का क्या उत्तर दिया?

(ख) भारत लौटने पर मातृभूमि का स्पर्श पाते ही विवेकानंद जी ने क्या किया?

## लिखित

**1. नीचे दिए प्रश्नों के उत्तर शब्दों में दीजिए–**

(क) स्वामी विवेकानंद जी का जन्म कब हुआ था? ..............................

(ख) विवेकानंद जी के गुरु कौन थे? ..............................

(ग) लोगों ने साँप को क्यों नहीं भगाया? ..............................

(घ) विश्व का पहला सर्वधर्म सम्मेलन कहाँ हुआ था? ..............................

(ङ) विवेकानंद जी ने अपने बुढ़ापे का बैकुंठ किसे कहा है? ..............................

**2. नीचे दिए प्रश्नों के लघु उत्तर दीजिए–**

(क) विवेकानंद जी के मन में कौन-से प्रश्न बार-बार उठते थे?

..............................................................................................

..............................................................................................

(ख) रामकृष्णदेव परमहंस द्वारा स्पर्श किए जाने पर नरेंद्रनाथ को क्या अनुभूति हुई?

..............................................................................................

..............................................................................................

(ग) गुरु के समाधिस्थ होने के बाद विवेकानंद जी ने क्या किया?

..............................................................................................

..............................................................................................

(घ) स्वामी विवेकानंद जी ने किस मिशन की स्थापना की और उसके क्या उद्देश्य थे?

..........................................................................................

..........................................................................................

3. **नीचे दिए प्रश्नों के दीर्घ उत्तर दीजिए–**

(क) स्वामी विवेकानंद जी ने अपना एवं अपने धर्म का परिचय किस प्रकार दिया?

..........................................................................................

..........................................................................................

..........................................................................................

..........................................................................................

(ख) 'स्वामी विवेकानंद जी को अपने देश के प्रति अनन्य प्रेम था।' पाठ के आधार पर इस कथन की पुष्टि कीजिए।

..........................................................................................

..........................................................................................

..........................................................................................

..........................................................................................

..........................................................................................

(ग) विवेकानंद जी ने भारत को बचपन का हिंडोला, यौवन का आनंद-लोक तथा बुढ़ापे का बैकुंठ क्यों कहा है?

..........................................................................................

..........................................................................................

..........................................................................................

..........................................................................................

..........................................................................................

4. **नीचे दिए प्रश्नों के उपयुक्त उत्तर पर (✓) का चिह्न लगाइए–**

(क) स्वामी विवेकानंद जी के चरित्र की क्या विशेषताएँ थीं?

(*i*) वे प्रखर बुद्धि के स्वामी थे।

(*ii*) उन्हें दीन-दुखियों से विशेष अनुराग था।

(*iii*) अपने देश के प्रति उनके मन में अगाध प्रेम था।

(*iv*) उपरोक्त सभी।

(ख) विवेकानंद जी की भेंट श्री रामकृष्ण परमहंस से कैसे हुई?

(*i*) विवेकानंद जी ने एक पड़ोसी के घर में रामकृष्णदेव परमहंस को एक गीत सुनाया जिससे वे समाधिस्थ हो गए।

(*ii*) अमेरीका के शिकागो शहर में सर्वधर्म सम्मेलन के दौरान दोनों का परिचय हुआ।

(*iii*) विवेकानंद जी रामकृष्णदेव का उपदेश सुनने उनके मंदिर गए थे।

(*iv*) रामकृष्णदेव परमहंस विवेकानंद से प्रभावित होकर उनसे मिलने स्वयं उनके घर आए थे।

(ग) 'सभी धर्मों का गंतव्य एक है।' इसका क्या अर्थ है?

(*i*) सभी धर्म विलुप्त हो जाते हैं।

(*ii*) सभी धर्म एक धर्म में समा जाते हैं।

(*iii*) सभी मत-मतांतर परमात्मा की ओर ले जाते हैं।

(*iv*) सभी धर्मों का मत एक हो जाता है।

(घ) विवेकानंद जी को अमेरिका में किस कारण प्रसिद्धि मिली?

(*i*) उनकी दयालुता के कारण।

(*ii*) उनके विचारों और उपदेशों के कारण।

(*iii*) उनकी देशभक्ति के कारण।

(*iv*) उनकी गुरुभक्ति के कारण।

## भाषा ज्ञान

**1. नीचे दिए शब्दों से उपसर्ग व प्रत्यय अलग करके लिखिए–**

| | | | |
|---|---|---|---|
| अनुराग – | ............ + ............ | विषमता – | ............ + ............ |
| संयोग – | ............ + ............ | समानता – | ............ + ............ |
| सम्मोहन – | ............ + ............ | प्रभावित – | ............ + ............ |
| सम्मिलित – | ............ + ............ | उदासीनता – | ............ + ............ |
| अंतर्राष्ट्रीय – | ............ + ............ | प्रचलित – | ............ + ............ |

**2. नीचे दिए वाक्यों में रेखांकित कारकों के भेद बताइए–**

(क) रामकृष्णदेव परमहंस दक्षिणेश्वर में काली मंदिर <u>के</u> पुजारी थे। संबंधकारक

(ख) रामकृष्णदेव नरेंद्रनाथ <u>से</u> बहुत प्रेम करते थे। ............

(ग) बंदिनी भारतमाता <u>की</u> दैन्यमूर्ति देखकर उनका मन करुणा से भर गया। ............

(घ) उनकी वाणी में अपार शक्ति थी। ..........................

(ङ) उनकी आँखों से आनंदाश्रु छलक पड़े। ..........................

**3. नीचे दिए वाक्यों में निपात शब्दों पर ◯ लगाइए–**

(क) गरीबों को देखते ही उनका हृदय करुणा से भर जाता था।

(ख) जब वे ध्यानमग्न होकर बैठते तो अपनी सुध-बुध खो देते थे।

(ग) राजा-महाराजा भी उनके शिष्य बनने लगे।

(घ) विभिन्न मार्गों से बहती हुई नदियाँ समुद्र में ही जाकर गिरती हैं।

**4. नीचे दिए वाक्यों में सर्वनाम शब्दों पर ◯ लगाइए और उनके भेद भी लिखिए–**

(क) वे आधुनिक भारत के निर्माता थे। ..........................

(ख) उनका व्यक्तित्व बहुमुखी था। ..........................

(ग) उन्होंने सुनकर ही व्याकरण के सभी सूत्र कंठस्थ कर लिए थे। ..........................

(घ) उस समय मेरी आँखें खुली हुई थीं। ..........................

(ङ) हम पहले भारतीय हैं। ..........................

## जीवनी से आगे

- यदि स्वामी विवेकानंद माँ की इच्छापूर्ति को ही सर्वोपरि मानकर अपना निर्णय बदल लेते तो क्या होता?
- यदि प्रभु के साक्षात दर्शन होने लगें तो क्या होगा? कल्पना के आधार पर उत्तर दीजिए।

## नन्हे हाथों से

- **'स्वदेश प्रेम' पर अपनी उत्तर पुस्तिका में एक निबंध लिखिए।**
- **'मानव सेवा ही सच्ची सेवा है' पर अपनी उत्तर पुस्तिका में अनुच्छेद लिखिए।**

## कुछ करने को

- 'रामकृष्ण मिशन' नामक संस्था के बारे में जानकारी एकत्र कीजिए। पता लगाइए कि यह संस्था निर्धन छात्रों के लिए किस प्रकार की सहायता उपलब्ध कराती है?
- कुछ लोग ऐसे होते हैं जो अपने देश और लोक-कल्याण के लिए जीवन का एक-एक क्षण अर्पित कर देते हैं। ऐसे लोगों की जीवनी पढ़िए और उनके गुणों को जीवन में आत्मसात कीजिए।

## आओ माचिस की तिलियों से कुछ कलात्मक बनाएँ।

**सामग्री –** कागज कैंची, फैविकॉल, माचिस की तिलियाँ, पेंसिल, कैंची आदि।

**विधि –** एक सफेद कागज लें। उसे गोलाई में काट लें। फिर उसके केंद्र बिंदु पर चित्र नंबर एक के अनुसार माचिस की तिलियाँ चिपकाएँ। ध्यान रहे मसाले वाली साइड बाहर की ओर रखें।

अब इसके बाहरी डिजाइन पर सितारे आदि चिपकाकर आकर्षक रूप दें। तिलियों की सहायता से आप अपनी इच्छानुसार अन्य चित्र भी बना सकते हैं। जैसे नीचे मछली का चित्र दिया गया है।

1.

2.

3.

## आप क्या करेंगे?

- यदि बड़े होकर आपके सामने जीवन-पथ पर आगे बढ़ने के लिए दो मार्ग खुले हों, एक ओर भोग-विलासिता के साधन और संसार के सारे सुख और दूसरी ओर असहाय व निर्धन लोगों की सेवा में रत परोपकारी जीवन। ऐसे में आप कौन-से मार्ग का चयन करेंगे और क्यों?

# 4 शह और मात

गाँव का एक बूढ़ा चौधरी लकड़ियों से भरी गाड़ी लेकर नगर के एक चौक पर लकड़ियाँ बेचने के लिए खड़ा था। चौधरी की गाड़ी को नज़र भरकर देखने के बाद एक सेठ ने पूछा, "बाबा, गाड़ी का क्या लेगा?"

चौधरी ने कहा, "एक ही दाम बता दूँ? पूरे पाँच रुपए लूँगा। कमी-बेशी मत करना।"

सेठ ने कहा, "बाबा तूने कहा है तो गाड़ी के पूरे पाँच रुपए ही दूँगा। चल, जल्दी कर। हवेली तक चल।"

सेठ के साथ चौधरी बैलगाड़ी लेकर हवेली की ओर चल पड़ा। वहाँ पहुँचकर सबसे पहले उसने गाड़ी में जुते बैलों की गरदन से जुआ हटाया। बैलों को एक तरफ़ बाँधा फिर गाड़ी में रखी तमाम लकड़ियाँ उतारकर आँगन में रख दीं। सेठ ने खुशी-खुशी जेब से पाँच रुपए निकालकर चौधरी को दे दिए।

रुपए लेकर चौधरी अपने बैलों को फिर से गाड़ी में जोतने लगा तो सेठ गरजकर बोला, "खबरदार! गाड़ी और बैलों को हाथ मत लगाना। मैंने गाड़ी और बैलों की पूरी कीमत चुकाई है। अब ये मेरे हैं।" चौधरी अचंभे से बोला, "पर मोल तो लकड़ियों..." सेठ तुरंत बीच में टोकते हुए बोला, "मैंने तुझसे गाड़ी का मोल पूछा था या लकड़ियों का? ज़रा याद कर, मैंने कहा था कि बाबा, गाड़ी का क्या लेगा? कहा था कि नहीं? तूने पाँच रुपए माँगे। पाँच से कम दिए हों तो बता? गाड़ी का मोल करते वक्त बैल जुते हुए थे कि नहीं? सिर में सफ़ेदी आ चुकी है इसलिए सच बोलना। एक दिन सबको भगवान को मुँह दिखाना है।"

चौधरी को काटो तो खून नहीं! अटकते-अटकते बोला, "बैल जुते हुए ज़रूर थे पर सेठ जी, मैंने तो लकड़ियों का दाम बताया था। गाड़ी-बैल कहीं पाँच रुपए में आते हैं क्या?"

सेठ ने तपाक से कहा, "पर मैंने तो गाड़ी का दाम पूछा था और गाड़ी के ही दाम देने की बात भी

**शिक्षण संकेत**

- बच्चों को बताएँ कि यह एक राजस्थानी लोककथा है। इसके माध्यम से बताया गया है कि किसी के साथ छल-कपट नहीं करना चाहिए।
- बच्चों को समझाएँ कि लालच बुरी बला है। इसमें फँसकर मनुष्य गलत कार्य करने से भी नहीं हिचकता इसलिए लालच से सदैव दूर रहना चाहिए।

की थी। गाड़ी-बैल पाँच रुपए में आते हैं या नहीं, यह तू जाने। आदमी की ज़बान की कोई कीमत होती है या नहीं? अब चुपचाप चलता बन, नहीं तो धक्के मारकर निकलवा दूँगा। मेरे यहाँ झगड़ा-टंटा नहीं चलेगा।"

चौधरी बूढ़ा था। चतुर भी नहीं था। गाड़ी छोड़ते हुए कलेजे पर आरी-सी चल रही थी। सेठ के आगे हाथ जोड़े, गिड़गिड़ाया, उसके पाँव में पगड़ी रखी और रोते हुए बोला, "मुझसे समझने में भूल हो गई, सेठ जी! मैंने तो लकड़ियों का मोल बताया था। आप बड़े हैं, गरीब पर दया करें।" पर सेठ के कान पर जूँ तक नहीं रेंगी। वह अपनी बात पर अड़ा रहा। चौधरी को समझाने लगा कि दुनिया में ज़बान से बढ़कर कुछ नहीं है। ज़बान से ही बरकत होती है। ज़बान से पलट जाए वह आदमी कैसा! ये तो सिर्फ़ गाड़ी-बैल हैं, ज़बान से तो लाखों के लेन-देन होते हैं। अगर तेरी तरह सब पल-पल में ज़बान पलटने लगे तो दुनिया का काम कैसे चलेगा?

बेचारा चौधरी पाँव घसीटता हुआ हवेली से निकला और अपने गाँव आ गया। घर पहुँचते ही बड़े बेटे ने पूछा, "बाबा, बैलगाड़ी कहाँ हैं? रास्ते में खराब हो गई क्या? बहुत तकलीफ़ हुई होगी आने में।"

बूढ़े ने खीझकर कहा, "बैलगाड़ी तो ठिकाने लगी। तुम में दम हो तो कुछ करो। उस चतुर सेठ के आगे मेरी एक न चली। तकलीफ़ की क्या पूछते हो? ठेठ शहर से पाँव रगड़ता आ रहा हूँ।"

चौधरी ने अपने बेटों को ब्योरेवार पूरी बात बताई, "मेरे साथ तो ऐसा हुआ। सेठ के आगे खूब रोया, गिड़गिड़ाया, पाँव में पगड़ी भी रखी परंतु उसने तो एक ही आँकड़ी पकड़ रखी थी कि आदमी की ज़बान एक होती है। ज़बान से लाखों के लेन-देन होते हैं। अगर आदमी यों ज़बान बदलने लगा तो दुनिया कैसे चलेगी? मुझे तो बोलने ही नहीं दिया।"

चौधरी के चार जवान बेटे थे। सुनकर उनकी आँखों में खून उतर आया। तीन बड़े बेटों ने सुझाया– "चलो, हमें उस सेठ की हवेली दिखा दो। हम उसकी ईंट-से-ईंट बजा देंगे। उसकी इतनी हिम्मत कि यों गाड़ी-बैल रख ले।"

सबसे छोटा बेटा कुछ और ही सोच रहा था। वह बोला, "मैं अकेला ही उससे निपट लूँगा, तुम्हें कुछ करने की आवश्यकता नहीं पड़ेगी। कल मुझे दूसरी गाड़ी में लकड़ियाँ ले जाने दो। सेठ को उसकी ज़बान से ही बाँधूँगा। उसी का तराजू, उसी के बाट और उसी के भाव से ही उसका हिसाब चुकता करूँगा।"

चौधरी का चौथा बेटा बहुत होशियार था। सब जानते थे कि वह जो कहता है वो करके भी दिखाता है।

दूसरे दिन वह सुबह-ही-सुबह घर से रवाना हुआ और नगर के उसी चौक में गाड़ी खड़ी कर दी। पिता ने उसे सेठ का हुलिया अच्छी तरह समझा दिया था। कल का दाँव सेठ के लिए बहुत मुफ़ीद रहा था। उसकी सफलता से फूला वह आज फिर वहीं आया। लकड़ियों से भरी गाड़ी देखकर उसकी बाँछें खिल गईं। वह स्वयं को रोक न सका, पास जाकर पूछा, "चौधरी, गाड़ी बिकाऊ है, क्या?"

चौधरी का बेटा तुरंत समझ गया कि यह वही सेठ है। इसलिए उसने कहा, "सेठ जी, यह भी कोई पूछने वाली बात है! बेचने के लिए ही तो आया हूँ।"

सेठ के मुँह तो चाट लगी हुई थी। 'गाड़ी' शब्द पर ज़ोर देते हुए पूछा, "एक ही कीमत बता दे, इस 'गाड़ी' का क्या लेगा! मुझसे मोल-भाव वाली बात मत करना।"

गाड़ी वाले ने भी कहा, "सेठ जी, फिजूल मोल-भाव में क्या रखा है! सामने वाले को देखा जाता है। एक ही बात बता दूँ कि इस गाड़ी के दो मुट्ठी टके लूँगा। आपको जँचते हों तो बोलो।"

सेठ को लगा कि यह तो कल वाले बूढ़े से भी भोला है। मुट्ठी का क्या, एक टका बंद कर लें; और दो भी। बंद मुट्ठी को तो खोलने पर ही पता चलता है कि उसमें क्या है? आज यह गावदी खूब मिला!

फिर ऊपरी मन से बोला, "गाड़ी का दाम तो तूने ज़्यादा बताया है परंतु अब राजा कर्ण की बेला कौन झिक-झिक करे! चल मेरी हवेली, इस गाड़ी के पूरे दो मुट्ठी टके ही दूँगा।"

उधर चौधरी का बेटा सोच रहा था–'अब इसे ज़िंदगी भर के लिए लकड़ियाँ खरीदना ना भुला दिया तो अपना मुँह लेकर कभी घर नहीं जाऊँगा।'

हवेली पहुँचते ही सेठ ने कहा, "बोहनी के बखत पहले दाम पल्ले बाँध ले, फिर गाड़ी खोलना।"

यह कहकर सेठ त्वरित गति से हवेली के भीतर गया और दोनों मुट्ठियों में एक-एक टका बंद करके चौधरी के बेटे के पास आकर बोला, "ले अपने दाम, फिर दूसरी सटर-पटर करना।"

सेठ टके देने के लिए मुट्ठियाँ खोल ही रहा था कि गाड़ी वाले ने झट से उसका हाथ पकड़ लिया। फिर अपनी कमर में बँधा पैना हँसिया निकालकर बोला, "सेठ जी, मुट्ठियाँ मत खोलो, ये तो अब मेरे साथ ही जाएँगी।"

सेठ हैरान होकर बोला, "यह क्या बक रहा है?"

चौधरी का बेटा बोला, "बक नहीं रहा हूँ सेठ, जो सौदा ठहरा है वही बता रहा हूँ। तुम्हारे शहर में जब लकड़ियों के साथ गाड़ी-बैल बिकते हैं तो टकों के साथ मुट्ठियाँ भी जाएँगी।" यह सुनकर सेठ के पैरों तले से ज़मीन खिसक गई।

चौधरी के बेटे ने सेठ की कलाई पर हँसिए का हलका-सा रगड़ा दिया तो सेठ ज़ोर से चिल्लाया, "छोड़ दे चौधरी, मुझ पर दया कर। मुझसे गलती हो गई। गाड़ी-बैल का भला मैं क्या करूँगा! कल के गाड़ी-बैल भी वापस ले जा।"

चौधरी का बेटा उसकी कलाई मरोड़ते हुए बोला, "मेरा पिता कल गिड़गिड़ाया, पाँव में पगड़ी भी रखी परंतु तुम नहीं पसीजे। अब ज़बान पलटते हो! ज़बान से तो लाखों का लेन-देन होता है। दो मुट्ठी टके की बात तय हुई थी कि नहीं, बोलो?"

पलभर में सेठ को सारा नफ़ा-नुकसान समझ में आ गया। हकलाते हुए बोला, "ज़बान तो दी थी परंतु टकों के साथ मुट्ठियाँ देने का मुझे ध्यान नहीं रहा। अब जैसा तू कहे, मैं करने को तैयार हूँ लेकिन मेरा हाथ छोड़ दे।"

चौधरी का बेटा उसकी नकल उतारते हुए बोला, "ध्यान नहीं रहा! तुम्हें क्यों ध्यान रहने लगा? बूढ़े आदमी से गाड़ी-बैल छीनते वक्त पूरा ध्यान था!" सेठ की करतूत के लिए उलाहना देते-देते उसने हँसिए का एक रगड़ा और मार दिया।

सेठ बलि के बकरे की तरह काँपते हुए बोला, "गाड़ी के साथ दंड के पाँच सौ रुपए और भी दूँगा लेकिन मेरे हाथ छोड़ दे!" उसे काँपते देखकर चौधरी के बेटे को हँसी आ गई। वह सेठ के साथ उपहास करते हुए बोला, "इसी हिम्मत के ज़ोर पर बेचारे भोले-भाले लोगों को ठगते हो? चलो, मेरे पाँव में पगड़ी रखकर सात बार नाक रगड़ो!"

सिर सलामत रहना चाहिए, पगड़ी पाँव में रखने से क्या बिगड़ता है! रगड़ने से नाक घिसती थोड़े ही है। सेठ ने मन-ही-मन स्वयं को समझाया और तुरंत पगड़ी उसके पाँवों में रख दी। फिर गिनकर सात बार ज़मीन पर नाक रगड़ी।

तब चौधरी सुत ने कहा, "अब चुपचाप पाँच सौ रुपए निकालो और कल जो गाड़ी-बैल हड़प लिए थे, वे भी वापस करो। अगर इसमें चीं-चुपड़ की तो हँसिए से सारी आँतें निकाल दूँगा।"

फिर तो सेठ ऐसा मौन हुआ जैसे मुँह में गुड़ दिया हुआ हो। तुरंत पाँच सौ रुपए गिन दिए और हथियाए हुए गाड़ी-बैल भी लौटा दिए।

चौधरी का बेटा सेठ को उसी की ज़बान में समझाकर दोनों बैलगाड़ियों के साथ अपने गाँव लौट आया।

**–विजयदान देथा**

**विजयदान देथा:** विजयदान देथा (विज्जी) का जन्म 1 सितंबर, 1926 को राजस्थान के जोधपुर जिले के बोरुंदा गाँव में हुआ था। इन्होंने राजस्थान की सैकड़ों लोककथाओं का पुनर्लेखन किया है। साहित्य अकादमी और अन्य पुरस्कारों से पुरस्कृत विज्जी की प्रमुख रचनाएँ हैं: राजस्थानी में अलेखू हिटलर और 13 खंडों में बातां नी फुलवारी। हिंदी में दुविधा, सपनप्रिया, उलझन, रूँख और राजस्थानी-हिंदी कहावत कोश। दुविधा कहानी पर पहले इसी नाम से और फिर 'पहेली' के नाम से हिंदी फिल्म बनी।

## शब्दार्थ

| | | | | | |
|---|---|---|---|---|---|
| कमी-बेशी | – | कम-ज़्यादा | तमाम | – | सारी |
| बरकत | – | वृद्धि, लाभ | हुलिया | – | चेहरे की बनावट और रंग-रूप |
| मुफ़ीद | – | लाभकारी | गावदी | – | मूर्ख, गँवार |
| बोहनी | – | पहली बिक्री | बखत | – | समय |
| हँसिया | – | लकड़ी काटने का धारदार औज़ार | उपहास | – | खिल्ली |
| सलामत | – | सकुशल | हड़पना | – | हथियाना |
| इन्हें ऐसे भी लिख सकते हैं– | | | मुट्ठी | – | मुट्ठी |

# संकलनात्मक एवं रचनात्मक मूल्यांकन

## मौखिक

1. पढ़िए और बोलिए–

फिजूल मुट्ठियाँ हँसिया हिम्मत ब्योरेवार

2. सोचकर बताइए–

(क) चौधरी शहर क्यों गया था?
(ख) सेठ ने गाड़ी का क्या दाम लगाया?
(ग) सेठ ने चौधरी को गाडी और बैल क्यों नहीं ले जाने दिए?
(घ) चौधरी की बात सुनकर उसके बेटों ने क्या कहा?

## लिखित

1. नीचे दिए प्रश्नों के उत्तर शब्दों में दीजिए–

(क) सेठ की हवेली पहुँचकर चौधरी ने सबसे पहले क्या किया? ..............................
(ख) चौधरी के गिड़गिड़ाने का सेठ पर क्या असर हुआ? ..............................
(ग) दूसरे दिन लकड़ियाँ लेकर कौन शहर गया? ..............................
(घ) चौधरी के बेटे ने सेठ को गाड़ी का क्या मूल्य बताया? ..............................
(ङ) सेठ ने चौधरी के बेटे को हाथ छोड़ने के लिए क्या लालच दिया? ..............................

2. नीचे दिए प्रश्नों के लघु उत्तर दीजिए–

(क) सेठ ने चौधरी के साथ क्या चालाकी की?
..............................................................................................................................
..............................................................................................................................

(ख) दूसरे दिन चौक में खड़ी गाड़ी को देखकर सेठ ने क्या किया?
..............................................................................................................................
..............................................................................................................................

(ग) आज यह गावदी खूब मिला! सेठ ने ऐसा क्यों सोचा?
..............................................................................................................................
..............................................................................................................................

(घ) सेठ के पैरों तले से ज़मीन क्यों खिसक गई?

..........................................................................................

..........................................................................................

(ङ) इस कहानी से हमें क्या सीख मिलती है?

..........................................................................................

..........................................................................................

**3. नीचे दिए प्रश्नों के दीर्घ उत्तर दीजिए–**

(क) चौधरी को शहर से पैदल क्यों आना पड़ा?

..........................................................................................

..........................................................................................

..........................................................................................

..........................................................................................

(ख) चौधरी के बेटे ने सेठ को कैसे सबक सिखाया?

..........................................................................................

..........................................................................................

..........................................................................................

..........................................................................................

**4. नीचे दिए प्रश्नों के उपयुक्त उत्तर पर (✓) का चिह्न लगाइए–**

(क) चौधरी शहर में क्या बेचने के लिए गया था?

(*i*) टोपियाँ ☐ (*ii*) बकरियाँ ☐ (*iii*) लकड़ियाँ ☐ (*iv*) अनाज ☐

(ख) सेठ ने किसका दाम पूछा?

(*i*) बैलों का ☐ (*ii*) गाड़ी का ☐

(*iii*) लकड़ियों का ☐ (*iv*) बैलगाड़ी एवं लकड़ियों का ☐

(ग) 'दुनिया में ज़बान से बढ़कर कुछ नहीं है।' सेठ ने चौधरी से ऐसा क्यों कहा?

(*i*) सेठ चौधरी को वास्तविकता से परिचित करवाना चाहता था। ☐

(*ii*) सेठ चौधरी की बैलगाड़ी हथियाना चाहता था। ☐

(*iii*) सेठ चौधरी को सही राह दिखाना चाहता था। ☐

(*iv*) सेठ चौधरी को हवेली से भगाना चाहता था। ☐

(घ) 'सेठ जी, मुट्ठियाँ मत खोलो, ये तो अब मेरे साथ ही जाएँगी।' चौधरी के बेटे ने ऐसा क्यों कहा?

(*i*) वह सेठ को सबक सिखाना चाहता था। ☐

(*ii*) उस शहर का रिवाज़ ही ऐसा था।

(*iii*) मुट्ठियाँ खोलना अपशकुन माना जाता था।

(*iv*) मुट्ठियाँ खुलते ही टके गायब हो जाते।

(ङ) सेठ ने चौधरी के बेटे के चंगुल से स्वयं को कैसे छुड़ाया?

(*i*) बैलगाड़ी और लकड़ियाँ वापस देकर।

(*ii*) दोनों बैलगाड़ियाँ और आठ सौ रुपए देकर।

(*iii*) दोनों बैलगाड़ियाँ और सारी लकड़ियाँ वापस देकर।

(*iv*) बैलों सहित दोनों गाड़ियाँ और पाँच सौ रुपए देकर।

## भाषा ज्ञान

**1. नीचे दिए मुहावरों के सही अर्थ पर (✓) लगाइए–**

(क) सिर में सफ़ेदी आना–

(*i*) बालों का रंग सफ़ेद हो जाना  (*ii*) बुढ़ापा आना

(*iii*) बालों में रूसी हो जाना  (*iv*) बालों में सफ़ेद रंग करवा लेना

(ख) काटो तो खून न होना–

(*i*) अनिष्ट घटना के कारण स्तब्ध हो जाना  (*ii*) सारा खून बह जाना

(*iii*) काटने पर खून न निकलना  (*iv*) शरीर में पर्याप्त मात्रा में खून न होना

(ग) पाँव में पगड़ी रखना–

(*i*) गलत कार्य करने से रोकना  (*ii*) दया की भीख माँगना

(*iii*) आदर-सत्कार करना  (*iv*) पैरों में बेड़ियाँ डालना

(घ) आँखों में खून उतर आना–

(*i*) आँखों में चोट लगने से खून बहना  (*ii*) आँखें लाल हो जाना

(*iii*) बहुत अधिक क्रोधित होना  (*iv*) आँखों की बीमारी होना

(ङ) ईंट-से-ईंट बजाना–

(*i*) बहुत अधिक शोर करना  (*ii*) सुर-ताल बाँधना

(*iii*) घर की मरम्मत करना  (*iv*) पूरी तरह से नष्ट-भ्रष्ट करना

(च) ज़मीन पर नाक रगड़ना–

(*i*) गिड़गिड़ा कर क्षमा माँगना  (*ii*) शारीरिक व्यायाम करना

(*iii*) ज़मीन साफ़ करना  (*iv*) गुस्से से उफनना

2. नीचे दिए शब्दों को नामधातु क्रियाओं में बदलकर लिखिए–

| | | | |
|---|---|---|---|
| साठ – | ........................ | बात – | ........................ |
| लाज – | ........................ | झूठ – | ........................ |
| टक्कर – | ........................ | जूता – | ........................ |
| गहरा – | ........................ | लंगड़ा – | ........................ |
| झन-झन – | ........................ | थर-थर – | ........................ |
| हिन-हिन – | ........................ | बड़-बड़ – | ........................ |

जब संज्ञा, सर्वनाम और विशेषण शब्द धातु (क्रिया) की तरह प्रयोग में लाए जाते हैं तो इन्हें नामधातु क्रिया कहते हैं; जैसे–हाथ से हथियाना।

3. देशज शब्द लिखिए–

........................ ........................ ........................

........................ ........................ ........................

जब बोलियों और प्रादेशिक भाषाओं में प्रयुक्त होने वाले शब्द भाषा में रच-बस जाते हैं तो उन्हें देशज शब्द कहते हैं; जैसे–आँकड़ी, पगड़ी आदि।

4. रंगीन शब्दों के लिंग बदलकर पुनः वाक्य बनाइए–

(क) चौधरी शहर से पैदल ही चला आया।

..........................................................................................

(ख) सेठ के आगे उसकी एक न चली।

..........................................................................................

(ग) चौधरी के चार जवान बेटे थे।

..........................................................................................

(घ) चौधरी ने बैलों को एक ओर बाँध दिया।

..........................................................................................

(ङ) आदमी की ज़बान की कोई कीमत होती है या नहीं?

..........................................................................................



## लोककथा से आगे

- यदि चौधरी का छोटा बेटा समझदारी से काम न लेता और उसके तीनों भाई सेठ से झगड़ा करने उसकी हवेली चले जाते तो क्या होता? कल्पना के आधार पर बताइए कि फिर क्या कहानी बनती?
- यदि चौधरी सेठ की शिकायत पंचायत में करता तो फैसला किसके पक्ष में होता और क्यों? सोचकर बताइए।

## नन्हे हाथों से

- अपने साथ हुए किसी धोखे या ठगी की शिकायत करते हुए उपभोक्ता प्रकोष्ठ को एक पत्र लिखिए।

........................................

........................................

........................................

....................................................................................................

....................................................................................................

....................................................................................................

....................................................................................................

....................................................................................................

........................................

........................................

## कुछ करने को

- यदि कोई उपभोक्ता किसी दुकानदार द्वारा ठग लिया जाता है तो उसकी शिकायत उपभोक्ता संरक्षण प्रकोष्ठ में की जा सकती है। इसके विषय में जानकारी एकत्र कीजिए।
- कक्षा को दो समूहों में विभाजित कीजिए। उनमें से एक समूह मुहावरा बोले और दूसरा समूह उसका अर्थ बताए। इस प्रकार बारी-बारी से मौका देते हुए मुहावरे प्रतियोगिता का आयोजन कीजिए।

## आप क्या करेंगे?

- यदि आपने फोन द्वारा ऑर्डर करके कोई घड़ी या अन्य इलेक्ट्रॉनिक सामान मँगवाया हो और वह खराब निकल जाए तो आप क्या करेंगे?
- यदि आप कहीं जा रहे हों और रास्ते में कोई आपका पर्स या घड़ी छीनकर भाग जाए तो आप क्या करेंगे?
- यदि आपके समक्ष कोई दुकानदार किसी छोटे बच्चे के साथ धोखाधड़ी कर रहा हो तो आप क्या करेंगे?

## क्या आप जानते हैं?

(क) विश्व की सबसे बड़ी झील का क्या नाम है?

(i) कैस्पियन सागर (ii) वुलर झील

(iii) मानसरोवर झील (iv) झिलमिल

(ख) विश्व का सबसे ऊँचा पठार कौन-सा है?

(i) आल्प्स पर्वत (ii) अरावली पर्वत

(iii) पामीर पठार (iv) कंचनजंघा

(ग) विश्व का 'अन्न-भंडार' या 'रोटी की डलिया' कहा जाने वाला प्रमुख गेहूँ उत्पादक देश कौन-सा है?

(i) दक्षिण अफ्रीका (ii) मास्को

(iii) भारत (iv) यूक्रेन गणराज्य

(घ) किस देश को झीलों का देश कहते हैं?

(i) फिनलैंड (ii) स्विटज़रलैंड

(iii) रूस (iv) जापान

(ङ) विश्व का सबसे बड़ा महाद्वीप कौन-सा है?

(i) आस्ट्रेलिया (ii) एशिया

(iii) यूरोप (iv) अफ्रीका

(च) विश्व की सबसे बड़ी हीरे की खान 'किंबरे खान' किस देश में है?

(i) भारत (ii) आस्ट्रेलिया

(iii) अफ्रीका (iv) अमेरिका

(छ) विश्व विख्यात सोने की खानें 'कालगूर्ली' और 'कूलगार्डी' किस देश में हैं?

(i) अमेरिका (ii) दक्षिण अफ्रीका

(iii) आस्ट्रेलिया (iv) बोत्स्वाना

(ज) सूर्य अपने अक्ष पर किस दिशा में घूमता है?

(i) पूर्व से पश्चिम (ii) उत्तर से पूर्व

(iii) पूर्व से उत्तर (iv) दक्षिण से पश्चिम

(झ) चंद्रमा की आकर्षण शक्तियों के कारण सागरीय जल के ऊपर उठने तथा गिरने को क्या कहते हैं?

(i) चंद्रग्रहण (ii) ज्वारभाटा

(iii) सूर्यग्रहण (iv) भूकंप

(ञ) विश्व के सबसे बड़े मरुस्थल का क्या नाम है?

(i) थार
(ii) अलगगीरा
(iii) सहारा
(iv) पेटागोनिया

(ट) विश्व का सबसे बड़ा बंदरगाह कौन-सा है?

(i) शंघाई
(ii) पनामा
(iii) मुंबई
(iv) न्यूयॉर्क

(ठ) वह कौन-सी नदी है जिसे 'चीन का शोक' कहा जाता है?

(i) ह्वांगहो नदी
(ii) नील नदी
(iii) अमेजन नदी
(iv) कोसी नदी

(ड) विश्व का सबसे विशाल लिखित संविधान किस देश का है?

(i) चीन
(ii) भारत
(iii) ब्रिटेन
(iv) अमेरिका

(ढ) भारत के राष्ट्रपति का कार्यकाल कितने वर्षों का होता है?

(i) चार वर्षों का
(ii) दो वर्षों का
(iii) पाँच वर्षों का
(iv) छह वर्षों का

(ण) देश का प्रमुख भाभा परमाणु अनुसंधान केंद्र कहाँ स्थित है?

(i) चेन्नई में
(ii) दिल्ली में
(iii) पंजाब में
(iv) मुंबई में

(त) डब्ल्यू॰टी॰ओ॰ (WTO) का विस्तृत रूप क्या है?

(i) विश्व व्यापार संगठन
(ii) अंतर्राष्ट्रीय मुद्रा कोष
(iii) औद्योगिक विकास संगठन
(iv) विश्व बौद्धिक संपदा

(थ) इसरो (ISRO) का विस्तृत रूप क्या है?

(i) भारतीय अनुसंधान रिसर्च संगठन
(ii) भारतीय अंतरिक्ष अनुसंधान संगठन
(iii) भारतीय परमाणु केंद्र
(iv) भारतीय स्टेट विकास योजना

(द) अंतर्राष्ट्रीय महिला दिवस कब मनाया जाता है?

(i) 8 अप्रैल
(ii) 2 अगस्त
(iii) 8 मार्च
(iv) 1 मई

(ध) भारतीय वायु सेना दिवस कब मनाया जाता है?

(i) 18 अप्रैल
(ii) 5 अक्टूबर
(iii) 11 जुलाई
(iv) 8 अक्टूबर

# 5 एक तिनका

मैं घमंडों में भरा ऐंठा हुआ,
एक दिन जब था मुँडेर पर खड़ा।
आ अचानक दूर से उड़ता हुआ,
एक तिनका आँख में मेरी पड़ा।

मैं झिझक उठा, हुआ बेचैन-सा,
लाल होकर आँख भी दुखने लगी।
मूठ देने लोग कपड़े की लगे,
ऐंठ बेचारी दबे पाँवों भगी।

जब किसी ढब से निकल तिनका गया,
तब 'समझ' ने यों मुझे ताने दिए।
ऐंठता तू किसलिए इतना रहा,
एक तिनका है बहुत तेरे लिए।

**–अयोध्या सिंह उपाध्याय 'हरिऔध'**

**शिक्षण संकेत**

- बच्चों को घमंड न करने की सीख देते हुए कविता का रोचक ढंग से वाचन करवाएँ।
- बच्चों को बताएँ कि अहंकार के मद में चूर व्यक्ति स्वयं को सर्वश्रेष्ठ समझने लगता है और दूसरों को हीन दृष्टि से देखने लगता है लेकिन विपरीत परिस्थितियाँ उसे वास्तविकता का ज्ञान करा देती हैं। इसलिए कभी भी घमंड नहीं करना चाहिए।

## शब्दार्थ

| | | | | | |
|---|---|---|---|---|---|
| घमंड | – | अभिमान | ऐंठ | – | मरोड़, अकड़ |
| मुँडेर | – | छज्जा | मूठ | – | कपड़े का गोला बनाकर आँख साफ़ करना |
| ढब | – | तरीका, तरह | समझ | – | अकल, बुद्धि |

## संकलनात्मक एवं रचनात्मक मूल्यांकन

### मौखिक

1. **पढ़िए और बोलिए–**

मुँडेर झिझक बेचैन ऐंठना

2. **सोचकर बताइए–**

(क) कवि को अपनी गलती का अहसास कब हुआ?

(ख) कवि की आँख से तिनका कैसे निकला?

(ग) इस कविता से क्या सीख मिलती है?

### लिखित

1. **नीचे दिए प्रश्नों के लघु उत्तर दीजिए–**

(क) कवि बेचैन क्यों हो गया था?

.......................................................................................................

.......................................................................................................

(ख) किस घटना से कवि अपना अहम भूल गया?

.......................................................................................................

.......................................................................................................

(ग) तिनका निकलने पर कवि की समझ में क्या आया?

.......................................................................................................

.......................................................................................................

2. नीचे दिए प्रश्नों के दीर्घ उत्तर दीजिए–

(क) इस कविता के माध्यम से कवि क्या कहना चाहता है? स्पष्ट कीजिए।

.............................................................................................................

.............................................................................................................

.............................................................................................................

.............................................................................................................

(ख) सप्रसंग व्याख्या कीजिए–

मैं घमंडों में भरा ऐंठा हुआ,
एक दिन जब था मुँडेर पर खड़ा।
आ अचानक दूर से उड़ता हुआ,
एक तिनका आँख में मेरी पड़ा।

.............................................................................................................

.............................................................................................................

.............................................................................................................

.............................................................................................................

जब किसी ढब से निकल तिनका गया,
तब 'समझ' ने यों मुझे ताने दिए।
ऐंठता तू किसलिए इतना रहा,
एक तिनका है बहुत तेरे लिए।

.............................................................................................................

.............................................................................................................

.............................................................................................................

.............................................................................................................

3. नीचे दिए प्रश्नों के उपयुक्त उत्तर पर (✓) का चिह्न लगाइए–

(क) कवि किस कारण ऐंठा हुआ था?

(*i*) आँख में तिनका गिरने के कारण ☐ (*ii*) घमंड के कारण ☐

(*iii*) मद्यपान के कारण ☐ (*iv*) शारीरिक विकलांगता के कारण ☐

(ख) कवि की आँख में क्या गिर गया था?

(*i*) तिनका ☐ (*ii*) कंकड़ ☐ (*iii*) रेत के कण ☐ (*iv*) धूल के कण ☐

(ग) कवि को ताना किसने दिया?

(*i*) पड़ोसी ने ☐ (*ii*) मित्रों ने ☐

(*iii*) संबंधियों ने ☐ (*iv*) स्वयं कवि की समझ ने ☐

(घ) तिनका निकलने के बाद कवि की समझ में क्या आया?

(*i*) आँखें खोलकर मुँडेर पर खड़ा नहीं होना चाहिए। ☐

(*ii*) अपने आस-पास तिनके नहीं रहने देना चाहिए। ☐

(*iii*) कभी भी घमंड नहीं करना चाहिए। ☐

(*iv*) आँखों पर ऐनक लगाकर रखनी चाहिए। ☐

## भाषा ज्ञान

**1. नीचे दिए शब्दों के समानार्थी शब्द पर (✓) लगाइए–**

| | | | | | |
|---|---|---|---|---|---|
| घमंड | – | घमंडी ☐ | अहंकारी ☐ | अहंकार ☐ | अभिमानी ☐ |
| दिन | – | दीन ☐ | दिवस ☐ | रात ☐ | पहर ☐ |
| तिनका | – | तृण ☐ | घास-फूस ☐ | तीली ☐ | टहनी ☐ |
| आँख | – | अश्रु ☐ | लोचक ☐ | लोचन ☐ | मृगनयनी ☐ |
| कपड़ा | – | अंगोछा ☐ | वस्त्र ☐ | पहनावा ☐ | झाड़न ☐ |

**2. नीचे दिए विशेषण शब्दों को भाववाचक संज्ञा में बदलिए–**

घमंडी – ........................ बेचैन – ........................ चमकीला – ........................

जोशीला – ........................ दुखी – ........................ प्यासा – ........................

**3. नीचे दिए शब्दों के वचन बदलिए–**

| | | कारक रहित | कारक सहित |
|---|---|---|---|
| दिन | – | चार दिन | दिनों में |
| हाथ | – | ........................ | ........................ |
| मुँडेर | – | ........................ | ........................ |
| पैर | – | ........................ | ........................ |

## कविता से आगे

- व्यक्ति घमंडी कब और क्यों हो जाता है?
- घमंड क्यों नहीं करना चाहिए? कोई एक उदाहरण देकर समझाइए।

## नन्हे हाथों से

- 'घमंडी का सिर नीचा होता है।' इस कहावत पर एक अनुच्छेद लिखिए।

.......................................................................................................

.......................................................................................................

.......................................................................................................

.......................................................................................................

.......................................................................................................

.......................................................................................................

.......................................................................................................

.......................................................................................................

- चित्र में रंग भरिए–

## कुछ करने को

- रावण बहुत ज्ञानी था लेकिन अपने घमंड के कारण विनाश को प्राप्त हुआ। ऐसे ही कुछ अन्य प्रसिद्ध अभिमानी व्यक्तियों के बारे में जानकारी एकत्र कीजिए जिनका पतन उनके घमंड के कारण हुआ हो।

## आप क्या करेंगे?

- यदि कोई भिक्षुक आपके द्वार पर भीख माँगने के लिए आए तो आप क्या करेंगे?
- यदि किसी घमंडी व्यक्ति से आपका पाला पड़ जाए तो आप क्या करेंगे?

# 6 ऊँचाइयों से आगे

केवल पढ़ने के लिए

**प्रारंभिक जीवन–** ताशी और नुंगशी को आज कौन नहीं जानता? इन्होंने एक-दो नहीं वरन् सातों महाद्वीपों की सर्वाधिक ऊँची चोटियों पर तिरंगा फहराकर अपना ही नहीं पूरे देश का नाम रोशन किया है। ये दोनों जुड़वाँ बहनें हैं। इनका जन्म 21 जून, 1991 में मेरठ में हुआ था। इनके पिता सेवानिवृत्त कर्नल वीरेंद्र सिंह मलिक हरियाणा के सोनीपत जिले में गोहाना के निकट आंवली गाँव के मूल निवासी हैं; जो अब देहरादून में रहते हैं।

**शिक्षा–** इनके पिता सेना में कार्यरत थे, इसलिए उनका समय-समय पर स्थानांतरण होता रहता था। जिसके कारण इन बहनों को भी शिक्षा के लिए अनेक स्थान परिवर्तित करने पड़े। इन्होंने विभिन्न राज्यों की नौ पाठशालाओं में अध्ययन किया; विशेष रूप से मध्य प्रदेश, उत्तर प्रदेश, उत्तराखंड, तमिलनाडु, केरल और मणिपुर राज्यों में। जिनमें प्रतिष्ठित लॉरेंस स्कूल, लवडेल, ऊटी भी शामिल हैं।

इन्होंने बारहवीं कक्षा में गुरु नानक फिफ्थ सेंटेनरी स्कूल, मसूरी, उत्तराखंड से – *I.C.S.E.* बोर्ड की परीक्षा में 88% और 86% अंक (वाणिज्य में 94%, 92%) प्राप्त किए। लड़कियों की श्रेणी में इन्होंने प्रथम और तृतीय स्थान प्राप्त किया।

जुलाई 2009-जनवरी 2013 के बीच मणिपाल विश्वविद्यालय, सिक्किम से 'पत्रकारिता एवं जनसंचार' में तीन वर्षीय स्नातक डिग्री प्रथम श्रेणी के साथ उत्तीर्ण की।

**सात महाद्वीपों की सर्वाधिक ऊँची चोटियों पर सफलतापूर्वक चढ़ाई–** 16 दिसंबर, 2014 को नुंगशी और ताशी ने अपने अभियान के अंतिम पड़ाव में 'सातवीं चोटी' पर फतह करते हुए अंटार्कटिका में विंसन पर्वत की चढ़ाई की। इस सफलतापूर्वक अभियान से वे इस तरह के कारनामे करने वाली विश्व की प्रथम जुड़वाँ बहनें बन गईं। 23 वर्ष की ताशी व नुंगशी इससे पहले भी कई उपलब्धियाँ हासिल कर चुकी हैं। जिसके लिए उनका नाम 'गिनीज बुक' और 'लिम्का बुक' में दर्ज हो चुका है।

ये यहीं नहीं रुकी। 20 अप्रैल, 2015 को उन्होंने स्की पर उत्तरी ध्रुव की यात्रा की। दोनों बहनों ने पर्वतारोहियों के लिए 'हाल ऑफ फेम' व साथ-ही-साथ 'सात शिखर क्लब' में प्रवेश किया है। ये दुनिया की सबसे कम उम्र की लड़कियाँ बन गई हैं, जिन्होंने 'खोजकर्त्ता ग्रैंड स्लैम' पूरा कर लिया है। ऊँची चोटियों पर चढ़ने के लिए इन्होंने 2010 में नेहरू इंस्टीट्यूट ऑफ पर्वतारोहण में कठिन प्रशिक्षण प्राप्त किया। 19 मई, 2013 को उन्होंने माउंट एवरेस्ट पर सफलतापूर्वक चढ़ाई की। इस प्रकार वे ऐसा करने के लिए विश्व की प्रथम जुड़वाँ बहनें बनीं। इस अभियान हेतु उन्हें

पाकिस्तान की समीना बेग द्वारा सम्मलित किया गया था। उन्होंने भारत और पाकिस्तान के बीच शांति का प्रचार करने के लिए दोनों देशों के राष्ट्रीय झंडों को एक साथ फहराया था। साथ-साथ एवरेस्ट पर चढ़ाई करने वाली प्रथम जुड़वाँ बहनों को गिनीज बुक ऑफ वर्ल्ड रिकॉर्ड्स ने अपने 60 वें वर्षगांठ-संस्करण में चित्रित किया है। 16 दिसंबर, 2014 को अंटार्कटिका में माउंट विंसन की चढ़ाई के बाद, साथ-साथ सात महाद्वीपों की प्रत्येक की सर्वाधिक ऊँची चोटी पर चढ़ने वाली ये विश्व की प्रथम जुड़वाँ महिलाएँ और बहनें बन गईं।

ताशी और नुंगशी ने पिछले तीन वर्षों में एवरेस्ट और सात महाद्वीपों में प्रत्येक की सबसे ऊँची चोटियों की चढ़ाई की। इन जुड़वाँ बहनों ने प्रमाणित कर दिया है कि, "पहाड़ लिंग के आधार पर भेदभाव नहीं करते। वे पुरुषों और महिलाओं के समक्ष एक जैसी शारीरिक और मानसिक चुनौती रखते हैं और वे दोनों को उनकी गलतियों के लिए समान रूप से दंड भी देते हैं तो पहाड़ों को यह कहकर दोष नहीं देना चाहिए कि पहाड़ लड़कियों के लिए नहीं हैं!"

उन्होंने एवरेस्ट को मई 2013 में फतह किया था। इस संबंध में ताशी कहती हैं, "हम एवरेस्ट के विषय में सपना देख रही थीं और जब एक बार हमने इसे पूरा किया तो हम सात चोटियों के बारे में सपने देखने लगीं!" जुड़वाँ बहनों ने अपनी सात चोटियों की यात्रा 2012 में आरंभ की थी उसमें किलिमंजारो प्रथम चोटी थी। उस संदर्भ में नुंगशी ने कहा, "उस समय हम संकल्पना से परिचित नहीं थे। हम सिर्फ़ वहाँ थे और किलिमंजारो को जानते थे, शेर राजा को धन्यवाद और हम इसे आजमाना चाहते थे!"

वे साहसिक कार्यों के माध्यम से शांति के लिए भी योगदान करना चाहतीं हैं। वे लिंग की चुनौतियों को अपने साझा दुश्मन के रूप में देखती हैं। समीना, ताशी व नुंगशी ने चोटी के लिए अंतिम चरण की पूर्व संध्या पर कहा– "हमारी महिलाएँ असमान लिंग की चुनौतियों का सामना करतीं हैं; आओ, हम मिलकर उन चुनौतियों से लड़ें, अगर हमारी महिलाएँ प्रगति करती हैं तो हमारा समाज भी प्रगति करेगा और तब शांति निश्चित है।"

इन जुड़वाँ बहनों ने दुनिया के सातों महाद्वीपों में प्रत्येक की सबसे ऊँची चोटी पर सफलतापूर्वक चढ़ने का अपना मिशन 'टू फोर सेवन', 'सेव द गर्ल चाइल्ड' अभियान हेतु पूर्ण किया, जिसकी विचारधारा है– पर्वतारोहण उपलब्धियों के द्वारा पर्वतारोहण का खेल के रूप में प्रचार करना और बालिका को स्वप्न देखने और उसे पूरा करने के लिए उत्साहित करना।

उनके मिशन 'टू फॉर सेवन' के हिस्से के रूप में सफल चोटियों की सूची इस प्रकार हैं–

| | | |
|---|---|---|
| • माउंट किलिमंजारो | (अफ्रीका की सबसे ऊँची चोटी) | फरवरी 2012 |
| • माउंट एवरेस्ट | (विश्व की और एशिया की सबसे ऊँची चोटी) | मई 2013 |
| • माउंट एल्ब्रुस | (यूरोप की सबसे ऊँची चोटी) | अगस्त 2013 |
| • माउंट अकोनकागुआ | (दक्षिण अमेरिका की सबसे ऊँची चोटी) | जनवरी 2014 |
| • माउंट कर्स्टेंस्ज पिरामिड | (आस्ट्रेलिया की सबसे ऊँची चोटी) | मार्च 2014 |
| • माउंट मैककिनले | (उत्तरी अमेरिका की सबसे ऊँची चोटी) | जून 2014 |
| • माउंट विंसन | (अंटार्कटिका की सबसे ऊँची चोटी) | दिसंबर 2014 |

सात चोटियों में से प्रत्येक पर साथ-साथ चढ़ने से, ताशी और नुंगशी मलिक ने दुनिया की प्रथम जुड़वाँ बनने का अद्वीतीय गौरव प्राप्त किया है। मात्र सत्रह वर्ष की उम्र में नुंगशी और ताशी मलिक ने एक पहाड़ की चढ़ाई के अपने सपने के बारे में अपने पिता से कहा था; उन्हें नहीं पता था कि उनकी मनोकामनाएँ छह साल बाद पूर्ण हो जाएँगी। जुड़वाँ बहनें अपनी अंतिम चोटी– माउंट विंसन, अंटार्कटिका में सबसे ऊँची चोटी, जो दक्षिणी ध्रुव से लगभग 2000 किलोमीटर की दूरी पर है, पर चढ़ने में सफल रहीं। अपने जीवन में जल्दी ही एक ऐसी उपलब्धि प्राप्त कर इन लड़कियों ने निश्चित रूप से लाखों इच्छुक पर्वतारोहियों के लिए एक मानदंड स्थापित किया है।

**उनके माता-पिता की प्रतिक्रिया–** उनकी माता अंजू मलिक, पहले अपनी पुत्रियों को चढ़ाई अभियान पर भेजने से डरतीं थीं। परंतु उनकी उपलब्धि के उपरांत उन्होंने कहा, "मेरी पुत्रियों ने मेरे भय को सात बार गलत सिद्ध कर दिया है। आज मैं अधिक शक्तिशाली, जवान और साहसी महसूस करती हूँ। मैं बहुत बुलंद महसूस करती हूँ। उनके कारनामे मेरे लिए सबसे अधिक कीमती उपहार है।" उनके पिता कर्नल वी.एस. मलिक ने कहा, "मैं अपनी पुत्रियों के साहस, धैर्य और उनके सपने की एकल खोज पर भय और गौरव के साथ अवाक हूँ। पिता के रूप में, मैं केवल इतना कह सकता हूँ कि जब हमारे बच्चे हमसे अधिक बड़ा और साहसिक सपना देखते हैं, वह समय हमें स्वयं को थपथपाने का है।"

**प्रसन्नता प्रकट करना–** ताशी मलिक ने अपनी प्रसन्नता इस प्रकार प्रकट की, "हम स्वयं को बहुत भाग्यशाली समझती हैं कि हमें एक खतरनाक अभियान के लिए माता-पिता का समर्थन मिला। मुझमें पूर्ति और गौरव की एक अद्भुत भावना है उन सभी लड़कियों की ओर से जिन्हें अपनी क्षमता का एहसास करने के लिए समान अवसर नहीं मिल रहे हैं।"

नुंगशी ने उत्साहित होकर कहा, "मैंने मेरी बहन के साथ चोटी पर पहुँचने पर जो पहला कार्य किया, वह था जैसे– '*एक थाली को चम्मच से पीटना*'; जैसा ग्रामीण भारत के कई भागों में अधिकतर परिवारों में जश्न मनाने और लड़के के जन्म की घोषणा करने हेतु किया जाता है।

**अन्य उपलब्धियाँ–** सात महाद्वीपों की सर्वाधिक ऊँची चोटियों पर चढ़ने के बाद 28 दिसम्बर, 2014 को वे

स्कीइंग द्वारा दक्षिणी ध्रुव और 21 अप्रैल, 2015 को उत्तरी ध्रुव पर पहुँचीं। लिवगार्ड द्वारा समर्थित और उदार महिंद्रा समूह से प्रायोजित यह अभियान उन्होंने दक्षिणी ध्रुव के लिए अंतिम डिग्री स्की पर पूरा किया। ऐसा करते हुए उन्होंने 89° समांतर से 90° समांतर तक 120 किमी की दूरी सात दिनों में तय की।

शून्य से 50° सेल्सियस नीचे तापमान में और तेज़ हवाओं का बहादुरी से सामना करती हुई वे स्लेज पर अपना सामान जैसे गियर, राशन और टेंट ले गईं। इस प्रकार जुड़वाँ बहनों ने 'ऊँचाइयों से आगे' मिशन के अंतर्गत 'खोजकर्त्ता ग्रैंड स्लैम' पूरा किया।

अपने जीवन में प्राप्त इन सफलताओं के लिए वे माता-पिता से मिले समर्थन को ही आधार मानती हैं। जुड़वाँ बहनों के पिता कर्नल वीरेंद्र मलिक ने बचपन से ही उन्हें घर से बाहर रहने के लिए प्रोत्साहित किया। अपनी स्कूली शिक्षा पूरी करने के बाद लड़कियों ने जनसंचार में पत्रकारिता दूरस्थ शिक्षा के माध्यम से स्नातक स्तर की पढ़ाई की। जिसके कारण उन्हें अपनी रुचि को आगे बढ़ाने के लिए समय मिला।

उनके प्रशिक्षण के बारे में पूछे जाने पर जुड़वाँ बहनें कहतीं हैं, "हम अपने प्रशिक्षण के साथ कोई समझौता नहीं करतीं। हम अच्छी एथलीट रही हैं। स्कूल में हम सभी खेल खेला करती थीं और दौड़ प्रतियोगिता में भाग लिया करती थीं। हम प्रातः पाँच बजे जाग जाती थीं और शरीर को मजबूत बनाने के व्यायाम करती थीं। पिता जी को प्रारूप पता था। उन्होंने हमारे शारीरिक व्यायाम के साथ उचित आहार पर भी पूरा ध्यान दिया। देहरादून में हमारे घर के बाहर ऊपर की ओर एक अच्छा ढलान है और वहाँ बहुत सारी अच्छी पगडंडियाँ हैं। हम प्रतिदिन आधे घंटे के लिए टायर-खींचती थीं जो हाथ और पैरों के लिए बहुत अच्छा है!"

जुड़वाँ बहनें नृत्य भी करतीं हैं– हिप-हॉप; वे जॉगिंग करतीं हैं– एक सप्ताह में 15 किलोमीटर तक दो बार 15 किलो के एक पीठ थैले के साथ।

उनके कठिन अनुभवों के बारे में पूछने पर जुड़वाँ बहनों ने कर्स्टेंस्ज पिरामिड आस्ट्रेलिया की कठिन यात्रा के बारे में बताया, "पदयात्रा मुश्किल थी क्योंकि आधे दिन बरसात होती थी और फिर पूरे दिन हम जंगलों के माध्यम से चलते थे, जो बारिश की वजह से कीचड़दार हो गए थे और हमें लगातार रबड़ के जूते पहनने पड़ते थे हालाँकि उनके साथ चलना वास्तव में बहुत कठिन था। लेकिन हम यदि चोटी के बारे में बात करते हैं तो यह अधिक कठिन था क्योंकि यह चट्टानी चेहरा था और चट्टानें पैनी थीं। यहाँ तक कि अगर हम रस्सी जमा कर रखते तो हम सुनिश्चित नहीं थे कि वे मजबूत थीं या नहीं, यद्यपि उन रस्सियों का परीक्षण किया गया था, लेकिन हम बेचैन थीं। चढ़ाई तक पूरी पद यात्रा काफी चुनौतीपूर्ण थी।

# 7 अकबरी लोटा

लाला झाऊलाल को खाने-पीने की कमी नहीं थी। अच्छा खाते थे और अच्छा पहनते थे परंतु ढाई सौ रुपए तो एक साथ आँख सेंकने के लिए भी न मिलते थे। एक दिन जब उनकी पत्नी ने एकाएक ढाई सौ रुपयों की माँग की तो उनका जी एक बार ज़ोर से सनसनाया और फिर बैठ गया। उनकी यह दशा देखकर पत्नी ने कहा– "डरिए मत, यदि आप देने में असमर्थ हैं तो मैं अपने भाई से माँग लूँगी।"

लाला झाऊलाल तिलमिला उठे। उन्होंने रोब के साथ कहा, "अजी हटो, ढाई सौ रुपयों के लिए भाई से भीख माँगोगी?"

"लेकिन मुझे इसी ज़िंदगी में चाहिए।" पत्नी ने कहा।

लाला झाऊलाल ने रोब के साथ खड़े होते हुए कहा, "आज से ठीक सातवें दिन मुझसे ढाई सौ रुपए ले लेना।"

लेकिन जब चार दिन यों ही बीत गए और रुपयों का कोई प्रबंध न हो सका तो उन्हें चिंता सताने लगी। प्रश्न उनकी प्रतिष्ठा का था, अपने ही घर में अपनी साख का था। देने का पक्का वादा करके अगर अब न दे सके तो क्या इज़्ज़त रह जाएगी!

खैर, एक दिन और बीता। पाँचवें दिन घबराकर उन्होंने अपने घनिष्ठ मित्र पंडित बिलवासी मिश्र को अपनी विपदा सुनाई। संयोग कुछ ऐसा बिगड़ा था कि बिलवासी जी भी उस समय बिलकुल खुक्ख थे। उन्होंने कहा, "मेरे पास हैं तो नहीं पर मैं कहीं से लाने की कोशिश करूँगा और अगर मिल गए तो कल शाम को आकर तुमसे मिलूँगा।"

आज वही शाम थी। हफ़्ते का अंतिम दिन। कल ढाई सौ रुपए या तो गिन देना है या सारी हेकड़ी से हाथ धोना है। आज शाम को पंडित बिलवासी मिश्र को आना था। यदि न आए या कहीं रुपए का प्रबंध न कर सके तो? इसी उधेड़-बुन में लगे लाला झाऊलाल छत पर टहल रहे थे। प्यास लगी तो उन्होंने नौकर को आवाज़ दी। नौकर नहीं था तो उनकी पत्नी स्वयं पानी लेकर आई।

वह पानी तो ज़रूर लाई पर गिलास लाना भूल गई। लोटे में पानी लिए प्रकट हुई, लोटा भी संयोग से वह जो अपनी बेढंगी सूरत के कारण लाला झाऊलाल को सदा से नापसंद था। था तो नया पर उस लोटे की गढ़न कुछ ऐसी थी कि जैसे उसका बाप डमरू और माँ चिलम हो।

लाला ने लोटा ले लिया, कुछ बोले नहीं। अपनी पत्नी का अदब जो करते थे। उन्होंने यह भी सोचा कि लोटे में पानी दे, तब भी गनीमत है। अभी अगर चूँ कर देता हूँ तो बालटी में भोजन मिलेगा। तब क्या बाकी रह जाएगा!

**शिक्षण संकेत**

- बच्चों को समझाएँ कि विपरीत परिस्थितियों में घबराना नहीं चाहिए। धैर्य धारण कर किसी भी समस्या का हल खोजा जा सकता है।
- बच्चों को यह भी बताएँ कि सच्चा मित्र हमेशा साथ निभाता है। विपरीत परिस्थितियों में मित्र की मदद करना, एक सच्चे मित्र का कर्त्तव्य है जो मित्रता के संबंधों को प्रगाढ़ करता है।

लाला अपना गुस्सा पीकर पानी पीने लगे। उस समय वे छत की मुँडेर के पास खड़े थे। जिन बुज़ुर्गों ने पानी पीने के संबंध में ये नियम बनाए थे कि खड़े-खड़े पानी न पीओ, सोते समय पानी न पीओ, दौड़ने के बाद पानी न पीओ। पता नहीं उन्होंने कभी यह भी नियम बनाया या नहीं कि छत की मुँडेर के पास खड़े होकर पानी न पीओ! जान पड़ता है कि इस विषय में उन लोगों ने कुछ नहीं कहा है।

लाला झाऊलाल मुश्किल से दो-एक घूँट ही पानी पी पाए होंगे कि न जाने कैसे उनके हाथ से लोटा छूट गया। लोटे ने दाएँ देखा न बाएँ, वह तीव्र वेग से नीचे गली की ओर चल पड़ा। अपने वेग से उल्का को लजाता हुआ वह क्षण-भर में ही आँखों से ओझल हो गया। किसी ज़माने में न्यूटन नाम के किसी खुराफ़ाती ने पृथ्वी की आकर्षण शक्ति नाम की एक चीज़ ईजाद की थी। कहना गलत न होगा कि यह सारी शक्ति इस समय लोटे के पक्ष में थी।

लाला को काटो तो खून नहीं! ऐसी चलती हुई गली में ऊँचे तिमंजिले से भरे हुए लोटे का गिरना हँसी-खेल नहीं था। यह लोटा न जाने किस अनाधिकारी के झोंपड़े पर काशीवास का संदेश लेकर पहुँचेगा! हुआ भी कुछ ऐसा ही। गली में ज़ोर का हल्ला हो उठा। लाला झाऊलाल जब तक दौड़कर नीचे उतरे, तब तक एक भारी भीड़ उनके आँगन में घुस आई थी।

लाला झाऊलाल ने देखा कि इस भीड़ में प्रधान पात्र एक अंग्रेज़ है जो नखशिख तक भीगा हुआ है। वह एक हाथ से अपने पैर को सहलाता हुआ, दूसरे पैर पर नाच रहा है। उसके पास अपराधी लोटे को देखकर लाला झाऊलाल ने फ़ौरन दो और दो जोड़कर स्थिति को समझ लिया।

गिरने से पूर्व लोटा एक दुकान के सायवान से टकराया। वहाँ टकराकर उस दुकान पर खड़े अंग्रेज़ को उसने सांगोपांग स्नान कराया और फिर उसी के बूट पर आ गिरा। अंग्रेज़ को जब मालूम हुआ कि लाला झाऊलाल ही उस लोटे के मालिक हैं, तब उसने केवल एक काम किया। अपने मुँह को खोलकर खुला ही छोड़ दिया। लाला झाऊलाल को आज ही यह मालूम हुआ कि अंग्रेज़ी भाषा में गालियों का ऐसा प्रकांड कोष है।

उसी समय पंडित बिलवासी मिश्र भीड़ को चीरते हुए आँगन में आते दिखाई पड़े। उन्होंने आते ही पहला काम यह किया कि उस अंग्रेज़ को छोड़कर और जितने भी आदमी आँगन में घुस आए थे, सबको बाहर निकाल दिया। फिर आँगन में कुरसी रखकर उन्होंने अंग्रेज़ से कहा, "आपके पैर में शायद चोट लग गई है। पहले आप आराम से कुरसी पर बैठ जाइए।"

अंग्रेज़ साहब बिलवासी को धन्यवाद देते हुए बैठ गए और लाला झाऊलाल की ओर इशारा करके बोले, "आप इस शख़्स को जानते हैं?"

बिलवासी अनजान बनते हुए बोले, "बिलकुल नहीं। और मैं ऐसे आदमी को जानना भी नहीं चाहता जो राह चलते निरीह लोगों पर लोटे से वार करे।"

"मेरी समझ से 'ही इज़ ए डेंजरस ल्यूनाटिक' (यह एक खतरनाक पागल है।)" अंग्रेज़ ने लाला की ओर इशारा करते हुए कहा।

बिलवासी ने अंग्रेज़ की बात काटते हुए कहा, "नहीं, मेरी समझ से 'ही इज़ ए डेंजरस क्रिमिनल' (यह एक खतरनाक मुजरिम है।)"

परमात्मा ने लाला झाऊलाल की आँखों को उस समय देखने के साथ यदि खाने की भी शक्ति दे दी होती तो निश्चय ही वे अब तक बिलवासी जी को अपनी आँखों से खा चुके होते! वे कुछ समझ नहीं पा रहे थे कि बिलवासी जी को क्या हो गया है? वे अंग्रेज़ को शांत करने की बजाय आग में घी क्यों डाल रहे हैं?

अंग्रेज़ ने बिलवासी जी से पूछा, "तो क्या करना चाहिए?"

"पुलिस को इस मामले की रिपोर्ट कर दीजिए जिससे कि यह आदमी फ़ौरन हिरासत में ले लिया जाए।" बिलवासी ने बेझिझक कहा।

"पुलिस स्टेशन है कहाँ?" अंग्रेज़ ने पूछा।

"पास ही है, चलिए मैं बताता हूँ।" बिलवासी ने कुरसी से उठने का नाटक करते हुए कहा।

"चलिए।" कहकर अंग्रेज़ उठ खड़ा हुआ।

बिलवासी कुछ विनती के स्वर में बोले, "अभी चलते हैं। आपकी इजाज़त हो तो पहले मैं इस लोटे को इस आदमी से खरीद लूँ। क्यों जी बेचोगे? मैं इसका दाम पचास रुपए तक दे सकता हूँ।"

लाला झाऊलाल तो चुप रहे पर अंग्रेज़ ने पूछा, "इस बेढंगे लोटे के आप पचास रुपए क्यों दे रहे हैं?"

"आप इस लोटे को बेढंगा बताते हैं? आश्चर्य! मैं तो आपको एक विज्ञ और सुशिक्षित आदमी समझता था।" बिलवासी ने हैरानी से कहा।

"आखिर बात क्या है, कुछ बताइए भी!" अंग्रेज़ साहब लोटे का इतिहास जानने को उत्सुक हो उठे।

"जनाब, यह एक ऐतिहासिक लोटा जान पड़ता है! जान क्या पड़ता है, मुझे पूरा विश्वास है कि यह वही प्रसिद्ध अकबरी लोटा है जिसकी तलाश में संसार भर के म्यूज़ियम वाले परेशान हैं।" बिलवासी ने अपनी बात को दृढ़ता से कहा।

"यह बात है?" अंग्रेज़ कुछ सोचते हुए बोला।

बिलवासी ने बात को और आगे बढ़ाया, "जी, जनाब! सोलहवीं शताब्दी की बात है। बादशाह हुमायूँ शेरशाह से हारकर भाग गया था और सिंध के रेगिस्तान में मारा-मारा फिर रहा था। एक दिन प्यास से उसकी जान निकल रही थी। उस समय एक ब्राह्मण ने इसी लोटे से पानी पिलाकर उसकी जान बचाई थी। हुमायूँ के बाद अकबर ने उस ब्राह्मण का पता लगाकर उससे इस लोटे को ले लिया और इसके बदले में उसे सोने के दस लोटे प्रदान किए। यह लोटा सम्राट अकबर को बहुत प्यारा था। इसी कारण इसका नाम अकबरी लोटा पड़ा। वे इसी लोटे से वुज़ू करते थे। सन सत्तावन तक

इसके शाही घराने में रहने का पता चलता है परंतु उसके बाद यह लापता हो गया। कलकत्ता (कोलकाता) के म्यूज़ियम में इसका मॉडल रखा हुआ है। पता नहीं यह लोटा इस आदमी के पास कैसे आया? म्यूज़ियम वालों को पता चले तो मुँह-माँगा दाम देकर खरीद कर ले जाएँगे।"

इस विवरण को सुनते-सुनते अंग्रेज़ साहब की आँखों पर लोभ और आश्चर्य का ऐसा पर्दा पड़ा कि वे कौड़ी के आकार से बढ़कर पकौड़ी के आकार की हो गईं। उसने बिलवासी से पूछा, "तो आप इस लोटे का क्या करिएगा?"

"मुझे पुरानी और ऐतिहासिक चीज़ों के संग्रह का शौक है।" बिलवासी ने कहा।

"मुझे भी पुरानी और ऐतिहासिक चीज़ों को संग्रह करने का शौक है। जिस समय यह लोटा मेरे ऊपर गिरा, उस समय भी मैं यही कार्य कर रहा था। एक दुकान से पीतल की पुरानी मूर्तियाँ खरीद रहा था।" अंग्रेज़ बोला।

"जो भी हो, लोटा तो मैं ही खरीदूँगा" बिलवासी तपाक से बोले।

"वाह! आप कैसे खरीदेंगे? मैं खरीदूँगा, यह मेरा हक है!" अंग्रेज़ ने बात बढ़ाते हुए कहा।

"हक है! कैसा हक?" बिलवासी ने पूछा।

"बिलकुल हक है। यह बताइए कि इस लोटे के पानी से आपने स्नान किया या मैंने?" अंग्रेज़ ने प्रश्न किया।

"आपने, हुज़ूर आपने।" बिलवासी ने कहा।

"यह आपके पैरों पर गिरा या मेरे?" अंग्रेज़ ने तुरंत दूसरा प्रश्न पूछा।

"आपके, हुज़ूर आपके!" बिलवासी ने हाँ-में-हाँ मिलाई।

"अँगूठा इसने आपका भुरता किया या मेरा?"

"आपका, हुज़ूर आपका!" बिलवासी असमंजस में पड़ते हुए बोला।

स्वीकारोक्ति मिलते ही अंग्रेज़ ने एक और प्रश्न किया– "इसलिए इसे खरीदने का हक किसका है? आपका या मेरा?" अंग्रेज़ ने जैसे फतह हासिल करते हुए कहा।

"यह सब बकवास है। दाम लगाइए, जो अधिक दे, वही ले जाए।" बिलवासी कुछ शांत दिखे।

"यही सही। आप इसके पचास रुपये लगा रहे थे, मैं सौ देता हूँ।" अंग्रेज़ ने सौ रुपये का नोट दिखाते हुए कहा।

"मैं डेढ़ सौ देता हूँ।" बिलवासी भी कैसे पीछे रहते? उन्होंने भी जेब से पैसे निकालते हुए कहा।

"मैं दो सौ देता हूँ।" अंग्रेज ने सौ रुपए और निकालते हुए कहा।

"अजी मैं तो ढाई सौ देता हूँ।" यह कहकर बिलवासी जी ने ढाई सौ रुपए लाला झाऊलाल के सामने रख दिए।

"अंग्रेज़ साहब को भी ताव आ गया। उसने कहा, "आप ढाई सौ देते हैं तो मैं पाँच सौ देता हूँ। अब कहिए।"

बिलवासी जी अफ़सोस के साथ अपने रुपए उठाने लगे मानो अपनी आशाओं की लाश उठा रहे हों! अंग्रेज़ साहब की ओर देखकर उन्होंने कहा, "लोटा आपका हुआ, ले जाइए मेरे पास ढाई सौ से अधिक रुपये नहीं हैं।"

यह सुनना था कि अंग्रेज़ साहब के चेहरे पर प्रसन्नता की कूँची झलक गई। उसने झपटकर लोटा उठा लिया और बोला, "अब मैं हँसता हुआ अपने देश लौटूँगा। मेजर डगलस की डींगें सुनते-सुनते मेरे कान पक गए थे।"

"मेजर डगलस कौन हैं?" बिलवासी ने दोस्ती के भाव से पूछा।

"मेजर डगलस मेरे पड़ोसी हैं। पुरानी चीज़ों को संग्रह करने में मेरे और उनके बीच होड़ रहती है। गत वर्ष वे हिंदुस्तान आए थे और यहाँ से जहाँगीरी अंडा ले गए थे।" अंग्रेज़ ने बताया।

"जहाँगीरी अंडा!" बिलवासी हैरान थे।

"हाँ, जहाँगीरी अंडा। मेजर डगलस ने समझ रखा था कि हिंदुस्तान से वे ही अच्छी चीज़ें ले जा सकते हैं। आप तो जानते ही होंगे कि एक कबूतर ने नूरजहाँ से जहाँगीर का प्रेम कराया था। जहाँगीर के पूछने पर कि मेरा एक कबूतर तुमने कैसे उड़ा दिया, नूरजहाँ ने उनके दूसरे कबूतर को उड़ाकर बताया था– 'ऐसे'। उसके इस भोलेपन पर जहाँगीर दिलोजान से न्योछावर हो गए। उसी क्षण उन्होंने अपने-आप को नूरजहाँ के हवाले कर दिया। कबूतर का यह अहसान वह नहीं भूले और उसके एक अंडे को बड़े जतन से रख छोड़ा। बिल्लोर की एक हाँडी में वह उनके सामने टँगा रहता था। बाद में वही अंडा 'जहाँगीरी अंडे' के नाम से प्रसिद्ध हुआ। उसी को मेजर डगलस ने पिछले साल दिल्ली में एक मुसलमान सज्जन से तीन सौ रुपए में खरीदा था।"

"यह बात है?" बिलवासी ने गरदन हिलाते हुए कहा।

अंग्रेज़ अति उत्साहित होकर बोला, "हाँ, पर अब मेरे आगे दून की नहीं ले सकते। मेरा अकबरी लोटा उनके जहाँगीरी अंडे से भी एक पुश्त पुराना है।"

"इस रिश्ते से तो आपका लोटा उस अंडे का बाप हुआ।" यह कहकर बिलवासी ने नहले-पे-दहला दे मारा।

अंग्रेज़ ने लाला झाऊलाल को पाँच सौ रुपए देकर अपनी राह ली। लाला झाऊलाल का चेहरा इस समय देखते ही बनता था। जान पड़ता था कि मुँह पर छह दिन की बढ़ी हुई दाढ़ी का एक-एक बाल प्रसन्नता के मारे लहरा रहा है। उन्होंने पूछा, "बिलवासी जी! मेरे लिए ढाई सौ रुपए कहाँ से लेकर आए? आपके पास तो थे नहीं।"

"इस भेद को मेरे सिवाय मेरा ईश्वर ही जानता है। आप उसी से पूछ लीजिए, मैं नहीं बताऊँगा।" बिलवासी ने जाते हुए कहा।

"पर आप चले कहाँ? अभी मुझे आपसे दो घंटे तक काम है।" लाला झाऊलाल ने रोकते हुए कहा।

"दो घंटे तक?" बिलवासी हैरानी से बोले।

"हाँ, और क्या! अभी तो मैं आपकी पीठ ठोककर शाबाशी दूँगा, एक घंटा इसमें लगेगा। फिर गले लगाकर धन्यवाद दूँगा, एक घंटा उसमें भी लग जाएगा।" झाऊलाल बोले।

"अच्छा, पहले पाँच सौ रुपये गिनकर सहेज लीजिए।" बिलवासी बोले।

रुपया अगर अपना हो तो उसे सहेजना एक ऐसा सुखद मनमोहक कार्य है कि मनुष्य उस समय सहज ही तन्मयता प्राप्त कर लेता है। लाला झाऊलाल ने अपना कार्य समाप्त करके ऊपर देखा। इसी बीच बिलवासी जी अंतर्ध्यान हो गए थे।

उस रात लाला जी को देर तक नींद नहीं आई। वे चादर लपेटे चारपाई पर पड़े रहे। एक बजे उठे फिर उन्होंने बहुत धीरे-से अपनी सोई हुई पत्नी के गले से सोने की सिकड़ी निकाली, जिसमें एक ताली बँधी हुई थी। फिर उन्होंने ताली से संदूक का ताला खोला। उसमें ढाई सौ रुपए रखकर उसे बंद कर दिया। फिर दबे पाँव लौटकर ताली को पूर्ववत अपनी पत्नी के गले में डाल दिया। इसके बाद हँसकर अँगड़ाई ली। दूसरे दिन वे सुबह आठ बजे तक चैन की नींद सोए।

**–अन्नपूर्णानंद वर्मा**

## शब्दार्थ

| | | | | | |
|---|---|---|---|---|---|
| असमर्थ | – | दुर्बल, अशक्त, अयोग्य | प्रतिष्ठा | – | मान-मर्यादा, इज़्ज़त |
| विपदा | – | विपत्ति, मुसीबत | खुक्ख | – | दरिद्र, खोखला, खाली |
| अदब | – | विनय, सम्मान | खुराफ़ाती | – | शरारती |
| ईजाद | – | खोज, आविष्कार | नखशिख | – | पैर के नाखून से सिर के बाल तक |
| सायवान | – | छज्जा | सांगोपांग | – | अच्छी प्रकार से |
| प्रकांड | – | विशाल, विस्तृत | कोष | – | शब्दकोश |
| विज्ञ | – | समझदार, जानने वाला | वुज़ू | – | नमाज़ से पहले हाथ-पैर और मुहँ धोना |
| संग्रह | – | इकट्ठा किया हुआ | अंतर्ध्यान | – | गायब, अदृश्य |

## संकलनात्मक एवं रचनात्मक मूल्यांकन

### मौखिक

1. **पढ़िए और बोलिए–**

मुँडेर आकर्षण सांगोपांग सुशिक्षित मूर्तियाँ अंतर्ध्यान

2. **सोचकर बताइए–**

(क) रुपए न होते हुए भी लाला जी ने पत्नी को रुपए देने का वादा क्यों किया?

(ख) छत पर टहलते हुए लाला जी क्या सोच रहे थे?

(ग) पत्नी द्वारा बेढंगे लोटे में पानी देने पर भी लाला जी ने नाराज़गी क्यों नहीं जताई?

(घ) लाला जी बिलवासी को गुस्से से क्यों देख रहे थे?

## लिखित

1. **नीचे दिए प्रश्नों के उत्तर शब्दों में दीजिए–**

(क) लाला जी के घनिष्ठ मित्र कौन थे? ..............................

(ख) लाला जी की पत्नी ने कितने रुपयों की माँग की थी? ..............................

(ग) लाला जी के हाथ से छूटकर लोटा कहाँ जा गिरा? ..............................

(घ) अंग्रेज़ के क्रोधित होने का क्या कारण था? ..............................

(ङ) अंग्रेज़ को किस चीज़ का शौक था? ..............................

(च) अंग्रेज़ ने बेढंगे लोटे का कितना मूल्य दिया? ..............................

(छ) मेजर डगलस कौन था? ..............................

(ज) लाला झाऊलाल की प्रसन्नता का क्या कारण था? ..............................

2. **नीचे दिए प्रश्नों के लघु उत्तर दीजिए–**

(क) पानी पीने के क्या-क्या नियम होते हैं?

..............................................................................................

..............................................................................................

(ख) जब लाला जी मुँडेर के पास खड़े होकर पानी पी रहे थे तो क्या हुआ?

..............................................................................................

..............................................................................................

(ग) लाला जी के हाथ से छूटकर लोटा कहाँ और कैसे गिरा?

..............................................................................................

..............................................................................................

(घ) लाला झाऊलाल को देखकर अंग्रेज़ ने क्या किया?

..............................................................................................

..............................................................................................

(ङ) आँगन में भीड़ देखकर बिलवासी ने क्या किया?

..............................................................................................

..............................................................................................

(च) पाठ के अनुसार अंग्रेज़ और मेजर डगलस ने क्या मूर्खता की थी?

........................................................................................................

........................................................................................................

3. **नीचे दिए प्रश्नों के दीर्घ उत्तर दीजिए–**

(क) झाऊलाल की चिंता का क्या कारण था? उनकी समस्या का निवारण कैसे हुआ?

........................................................................................................

........................................................................................................

........................................................................................................

........................................................................................................

(ख) बिलवासी ने अंग्रेज़ के सामने लाला झाऊलाल को पहचानने से इनकार क्यों कर दिया?

........................................................................................................

........................................................................................................

........................................................................................................

........................................................................................................

(ग) अंडे का नाम 'जहाँगीरी अंडा' क्यों पड़ा? आपके मतानुसार क्या वह अंडा वास्तव में जहाँगीर और नूरजहाँ के समय का रहा होगा?

........................................................................................................

........................................................................................................

........................................................................................................

........................................................................................................

4. **नीचे दिए प्रश्नों के उपयुक्त उत्तर पर (✓) का चिह्न लगाइए–**

(क) पत्नी द्वारा भाई से रुपए माँगने की बात सुनकर लाला जी तिलमिला उठे क्योंकि–

(*i*) उधार माँगना लाला जी के उसूलों के खिलाफ़ था।

(*ii*) यह उनकी प्रतिष्ठा का सवाल था।

(*iii*) उनकी पत्नी का भाई बहुत गरीब था।

(*iv*) घर की तिजोरी में हज़ारों रुपए रखे थे।

(ख) बुज़ुर्गों द्वारा पानी पीने के लिए बनाए गए नियम हैं–

(*i*) खड़े-खड़े पानी न पीओ।

(*ii*) दौड़ने के बाद पानी न पिओ।

(*iii*) सोते समय पानी न पीओ।

(*iv*) उपरोक्त सभी।

(ग) अंग्रेज़ चिल्ला रहा था क्योंकि–

(*i*) उसे चिल्लाने की आदत थी।

(*ii*) लाला जी ने उसके ऊपर पानी गिरा दिया था।

(*iii*) लोटा गिरने से उसके पैर में चोट लग गई थी।

(*iv*) लाला जी ने उसके पैसे छीन लिए थे।

(घ) बिलवासी ने लोटे के संदर्भ में कौन-सी बातें कही थीं?

(*i*) लोटा सोलहवीं शताब्दी का है।

(*ii*) एक ब्राह्मण ने इसी लोटे से पानी पिलाकर हुमायूँ की जान बचाई थी।

(*iii*) अकबर इसी लोटे से वुज़ू करते थे।

(*iv*) उपरोक्त सभी।

(ङ) 'इस रिश्ते से तो आपका लोटा उस अंडे का बाप हुआ' इसका अर्थ है–

(*i*) अंडा लोटे का बेटा था।

(*ii*) लोटा अंडे से भारी था।

(*iii*) लोटा अंडे से पुराना था।

(*iv*) लोटा अंडे से मज़बूत था।

(च) 'लाला की बढ़ी हुई दाढ़ी का एक-एक बाल मारे प्रसन्नता के लहरा रहा था।' इसका अर्थ है–

(*i*) लाला जी बहुत प्रसन्न थे।

(*ii*) लाला जी की दाढ़ी हवा से हिल रही थी।

(*iii*) लाला जी दाढ़ी को सहलाते रहते थे।

(*iv*) लाला जी ने पहली बार दाढ़ी रखी थी।

(छ) लाला जी का चैन की नींद सोने का क्या कारण था?

(*i*) लाला जी की पत्नी मायके चली गई थी।

(*ii*) लाला जी का व्यापार दो गुना हो गया था।

(*iii*) रुपयों का प्रबंध हो जाने से लाला जी की साख रह गई थी।

(*iv*) लाला जी की पत्नी ने रुपए न माँगने की कसम खाई थी।

## भाषा ज्ञान

भाषा में कुछ शब्द ऐसे होते हैं जो जोड़े में प्रयोग किए जाते हैं। इन्हें **शब्द-युग्म** कहते हैं। शब्द-युग्म अनेक प्रकार के होते हैं–

| | | |
|---|---|---|
| पुनरुक्ति वाले | – | घर-घर, खुशी-खुशी, किनारे-किनारे |
| समान वर्ग वाले | – | आस-पास, माता-पिता, अन्न-जल |
| विलोम शब्द वाले | – | दिन-रात, सुख-दुख, आशा-निराशा |
| सार्थक-निरर्थक | – | चाय-वाय, आमने-सामने, गप-शप |
| निरर्थक | – | अनाप-शनाप, अंट-शंट, ऊबड़-खाबड़ |
| परसर्ग सहित | – | कोई-न-कोई, कभी-न-कभी, कुछ-न-कुछ |

**1. पाठ में आए शब्द-युग्म ढूँढ़कर लिखिए–**

..................... – .....................

..................... – .....................

..................... – .....................

**समश्रुति भिन्नार्थक शब्द**–कुछ शब्द देखने और सुनने में एक जैसे लगते हैं परंतु उनके अर्थों में भिन्नता पाई जाती है, इन्हें समश्रुति भिन्नार्थक शब्द कहते हैं; जैसे– दिन – दिवस, दीन – गरीब।

**2. नीचे दिए समश्रुति भिन्नार्थक शब्दों के अर्थ लिखकर वाक्य बनाइए–**

लोटा – ..................................................

लौटा – ..................................................

उधार – ..................................................

उद्धार – ..................................................

समान – ..................................................

सम्मान – ..................................................

अपेक्षा – ..................................................

उपेक्षा – ..................................................

**3. नीचे दिए शब्दों के विलोम शब्द लिखिए–**

समर्थ – ........................ पसंद – ........................

आकर्षण – ........................ विश्वास – ........................

प्रसिद्ध – ........................ सुखद – ........................

**4. नीचे दिए शब्दों के समानार्थी शब्द लिखिए–**

पत्नी – ........................ आँख – ........................

दिन – ........................ शाम – ........................

आदमी – ........................ पानी – ........................

बादशाह – ........................ ब्राह्मण – ........................

लोभ – ........................ नींद – ........................

## हास्य कथा से आगे

- यदि झाऊलाल का मित्र चतुराई से रुपयों का प्रबंध न करवा पाता तो क्या होता? कल्पना कीजिए कि फिर कहानी क्या बनती?
- यदि अंग्रेज़ पुलिस स्टेशन जाकर लाला झाऊलाल के खिलाफ़ रिपोर्ट लिखवा देता तो क्या होता?

## नन्हे हाथों से

- चित्र को देखकर कोई किस्सा, चुटकुला या हास्य कविता लिखिए।

## कुछ करने को

- अध्यापक/अध्यापिका की सहायता से किसी हास्य-कथा का नाट्य रूपांतरण करके मंचन कीजिए।
- पुस्तकालय या इंटरनेट की सहायता से हास्य-कथाओं का संग्रह कीजिए, फिर उन्हें कक्षा में सुनाइए।

## आप क्या करेंगे?

- यदि आपका मित्र किसी विपरीत परिस्थिति में फँस जाए तो आप क्या करेंगे?
- यदि आप किसी से कोई वादा कर लें लेकिन उसे निभाने में स्वयं को असमर्थ पाएँ तो आप क्या करेंगे?

# 8 पिता का पत्र

**(महात्मा गांधी का अपने पुत्र मणिलाल को जेल से लिखा गया पत्र)**

प्रिय पुत्र,

हर महीने एक पत्र लिखने और एक पत्र पाने का अधिकार मुझे मिला है। अब मैं पत्र लिखूँ किसे? मिस्टर रीच, मिस्टर पोलक और तुम्हारा ख़याल मुझे बारी-बारी से आता था लेकिन इस समय तुम्हारा ही ध्यान मुझे सबसे अधिक आ रहा है।

मेरे बारे में तुम ज़रा भी चिंता मत करना। विशेष कुछ कहने का अधिकार मुझे नहीं है। मैं पूर्ण रूप से स्वस्थ और शांति में हूँ।

आशा है कि 'बा' अच्छी हो गई होंगी। मुझे मालूम है कि तुम्हारे कुछ पत्र यहाँ आए हैं लेकिन वे मुझे नहीं दिए गए। फिर भी डिप्टी गवर्नर की उदारता से मुझे मालूम हुआ कि 'बा' का स्वास्थ्य सुधर रहा है। क्या वे फिर-से चलने-फिरने लगीं? आशा है कि 'बा' और तुम लोग सवेरे दूध के साथ साबूदाना बराबर ले रहे होंगे।

अब कुछ तुम्हारे बारे में कहना चाहूँगा। तुम कैसे हो? तुम पर जो ज़िम्मेदारी मैंने डाली है, तुम पूरी तरह उसके योग्य हो और तुम उसे खुशी-खुशी निभा रहे होगे, मुझे ऐसी आशा है।

मैं यह जानता हूँ कि तुम्हें अपनी शिक्षा के प्रति असंतोष है। यहाँ जेल में मैंने खूब पढ़ा है। इससे मैं यह समझ गया हूँ कि केवल अक्षर-ज्ञान ही शिक्षा नहीं है। सच्ची शिक्षा तो चरित्र-निर्माण और कर्त्तव्य का बोध है।

**शिक्षण संकेत**

- प्रस्तुत पाठ में गांधी जी द्वारा जेल से अपने बेटे को लिखा पत्र दिया गया है। बच्चों को बताएँ कि केवल अक्षर-ज्ञान ही शिक्षित होना नहीं है बल्कि जीवन में कर्त्तव्य का निर्वाह करना भी आवश्यक है।
- महात्मा गांधी सादा जीवन, उच्च विचार में विश्वास रखते थे। बच्चों को उनके जीवन से प्रेरणा लेने की सीख दें।

यदि यह दृष्टिकोण सही है, मेरे विचार से यह बिलकुल सही है तो तुम सच्ची शिक्षा प्राप्त कर रहे हो। आजकल तुम्हें अपनी बीमार माँ की सेवा करने का अवसर मिला है। रामदास और देवदास को भी तुम सँभाल रहे हो। यदि यह काम तुम अच्छी तरह और खुशी-खुशी कर रहे हो तो तुम्हारी आधी शिक्षा तो इसी के द्वारा पूरी हो जाती है।

मैं एक बात और कहना चाहता हूँ कि आमोद-प्रमोद एक निश्चित आयु तक ही शोभा देते हैं। बारह वर्ष की उम्र के बाद बच्चों में ज़िम्मेदारी और कर्तव्य का बोध होना चाहिए। उन्हें अपने आचार-विचार में सत्य और अहिंसा के प्रयोग की चेष्टा करनी चाहिए और इसको वे भार समझकर ना करें बल्कि आनंद का अनुभव करते हुए करें। यह आनंद कृत्रिम नहीं होना चाहिए। यह सरल और स्वाभाविक होना चाहिए। मैं जब तुमसे काफ़ी छोटा था तो मुझे अपने पिता जी की सेवा करने में बहुत आनंद आता था। बारह वर्ष की उम्र के बाद, आमोद-प्रमोद का बहुत ही कम बल्कि नहीं के बराबर ही अवसर मुझे मिला है।

संसार में तीन बातें बड़ी महत्त्वपूर्ण हैं। इनको प्राप्त कर तुम संसार के किसी भी कोने में जाओगे तो अपना निर्वाह कर सकोगे। ये तीन बातें हैं– अपनी आत्मा का, अपने-आप का और ईश्वर का सच्चा ज्ञान प्राप्त करना। इसका मतलब यह नहीं कि तुम्हें अक्षर-ज्ञान नहीं मिलेगा, वह तो मिलेगा ही। लेकिन तुम उसी की चिंता करो, यह मैं नहीं चाहता। इसके लिए तुम्हारे पास अभी बहुत समय है। अक्षर-ज्ञान तो इसलिए होता है कि जो कुछ तुम्हें मिला है, उसे तुम दूसरों को दे सको।

इतना याद रखना कि अब से हमें गरीबी में ही रहना है। मैं जितना अधिक विचार करता हूँ, उतना ही अधिक मुझे लगता है कि गरीबी में ही सुख है। अमीरों की तुलना में गरीब अधिक सुखी हैं।

खेत में घास और गड्ढा खोदने में पूरा समय देना। भविष्य में हमें अपना जीवन-निर्वाह इसी से करना है। मेरी इच्छा है कि अपने परिवार में तुम एक योग्य किसान बनो। सभी औज़ारों को सदा साफ़ और सुव्यवस्थित रखना।

अक्षर-ज्ञान में गणित और संस्कृत पर पूरा ध्यान देना। भविष्य में संस्कृत तुम्हारे लिए बहुत उपयोगी सिद्ध होगी। ये दोनों विषय बड़ी उम्र में सीखना कठिन है। संगीत में भी बराबर रुचि रखना।

हिंदी, गुजराती और अंग्रेज़ी के चुने हुए भजनों एवं कविताओं का एक संग्रह तैयार करना चाहिए। वर्ष के अंत में तुम्हें यह संग्रह बहुत मूल्यवान प्रतीत होगा। कार्य की अधिकता से मनुष्य को घबराना नहीं चाहिए और न ही यह सोचना चाहिए कि यह कैसे होगा और पहले क्या करें! शांत चित्त से सोच-समझकर यदि तुमने सभी सद्गुणों को प्राप्त करने की चेष्टा की तो वे तुम्हारे लिए बहुत उपयोगी और मूल्यवान सिद्ध होंगे! तुमसे आशा है कि घर के लिए जो भी खर्च तुम करते हो, उसके पैसे-पैसे का हिसाब रखते होगे।

मुझे यह भी आशा है कि तुम रोज़ शाम को नियमपूर्वक प्रार्थना करते होगे और रविवार को श्री वेस्ट के यहाँ भी प्रार्थना में जाते होगे। सूर्योदय से पहले उठकर प्रार्थना करना बहुत ही अच्छा है। प्रयत्नपूर्वक एक निश्चित समय पर ही प्रार्थना करनी चाहिए। यह नियमितता तुम्हारे जीवन में आगे चलकर बड़ी सहायक सिद्ध होगी।

तुम्हारा पिता

मोहनदास

## शब्दार्थ

| | | | |
|---|---|---|---|
| असंतोष | – अतृप्ति, अप्रसन्नता | अवसर | – मौका |
| आमोद-प्रमोद | – सुख-चैन, भोग-विलास | कृत्रिम | – बनावटी |
| निर्वाह | – गुज़ारा | सुव्यवस्थित | – अच्छी और सुंदर व्यवस्था से युक्त |
| उपयोगी | – लाभदायक | संग्रह करना | – जमा करना, एकत्र करना |
| चेष्टा | – कोशिश | नियमपूर्वक | – नियमबद्ध होकर |

**इन्हें ऐसे भी लिख सकते हैं–**

सिद्ध – सिद्ध    गड्ढा – गड्ढा    कर्तव्य – कर्त्तव्य

## संकलनात्मक एवं रचनात्मक मूल्यांकन

### मौखिक

1. **पढ़िए और बोलिए–**

डिप्टी    गवर्नर    स्वास्थ्य    ज़िम्मेदारी    दृष्टिकोण    सुव्यवस्थित

2. **सोचकर बताइए–**

(क) गांधी जी ने मणिलाल को ही पत्र क्यों लिखा?

(ख) 'बा' के स्वास्थ्य में सुधार की सूचना गांधी जी को कैसे मिली?

(ग) गांधी जी ने यह क्यों कहा कि अमीरों की तुलना में गरीब अधिक सुखी हैं?

(घ) गांधी जी मणिलाल को क्या बनाना चाहते थे?

### लिखित

1. **नीचे दिए प्रश्नों के उत्तर शब्दों में दीजिए–**

(क) मणिलाल को किसके प्रति असंतोष था? ..............................

(ख) गांधी जी के अनुसार किस उम्र के बाद बच्चों को ज़िम्मेदारी और कर्तव्य का बोध हो जाना चाहिए? ..............................

(ग) बड़ी उम्र में कौन-से विषय सीखना कठिन हैं? ..............................

(घ) किसकी अधिकता से नहीं घबराना चाहिए? ..............................

(ङ) हमें कौन-सी तीन बातों का विशेष ध्यान रखना चाहिए? ..............................

2. नीचे दिए प्रश्नों के लघु उत्तर दीजिए–

(क) 'बा' कौन थी? इस पत्र से उनके विषय में क्या जानकारी मिलती है?

..........................................................................................................

..........................................................................................................

(ख) गांधी जी ने अपने पुत्र पर कौन-सी ज़िम्मेदारी डाली थी?

..........................................................................................................

..........................................................................................................

(ग) गांधी जी सच्ची शिक्षा किसे मानते थे?

..........................................................................................................

..........................................................................................................

(घ) प्रार्थना कब और कैसे करनी चाहिए?

..........................................................................................................

..........................................................................................................

3. नीचे दिए प्रश्नों के दीर्घ उत्तर दीजिए–

(क) गांधी जी के अनुसार मणिलाल की शिक्षा कैसे पूरी हो रही थी?

..........................................................................................................

..........................................................................................................

..........................................................................................................

..........................................................................................................

(ख) पत्र के आधार पर बताइए कि चरित्र निर्माण के लिए कौन कौन-से गुण आवश्यक हैं?

..........................................................................................................

..........................................................................................................

..........................................................................................................

..........................................................................................................

(ग) गांधी जी के विचार अन्य लोगों से किस प्रकार भिन्न थे? पत्र के आधार पर वर्णन कीजिए।

..........................................................................................................

..........................................................................................................

..........................................................................................................

..........................................................................................................

**4. नीचे दिए प्रश्नों के उपयुक्त उत्तर पर (✓) का चिह्न लगाइए–**

(क) जेल में गांधी जी को प्रत्येक माह कितने पत्र लिखने और पाने का अधिकार प्राप्त था?

(*i*) एक ☐ (*ii*) दो ☐ (*iii*) तीन ☐ (*iv*) अनगिनत ☐

(ख) गांधी जी ने मणिलाल को नाश्ते में दूध के साथ क्या खाने को कहा?

(*i*) ब्रेड ☐ (*ii*) केले ☐ (*iii*) साबूदाना ☐ (*iv*) मिठाई ☐

(ग) गांधी जी को बचपन में किसकी सेवा करने में आनंद आता था?

(*i*) पिता की ☐ (*ii*) माता की ☐ (*iii*) पड़ोसी की ☐ (*iv*) रोगियों की ☐

(घ) वह कौन-सा ज्ञान है जो दूसरों को देने के लिए होता है?

(*i*) आत्म ज्ञान ☐ (*ii*) अक्षर ज्ञान ☐ (*iii*) नैतिक ज्ञान ☐ (*iv*) मौलिक ज्ञान ☐

(ङ) आनंद कैसा होना चाहिए?

(*i*) सरल और स्वाभाविक ☐ (*ii*) कृत्रिम ☐

(*iii*) कठिन और अस्वाभाविक ☐ (*iv*) गूढ़ और रहस्यमयी ☐

## भाषा ज्ञान

पुरुषवाचक सर्वनाम– जो सर्वनाम शब्द बोलने वाले, सुनने वाले और किसी अन्य के लिए प्रयुक्त होते हैं, उन्हें पुरुषवाचक सर्वनाम कहते हैं। पुरुषवाचक सर्वनाम तीन प्रकार के होते हैं–

उत्तम पुरुषवाचक सर्वनाम– मैं, मेरा, मुझको, मैंने, मुझे, हम, हमारा, हमने आदि।

मध्यम पुरुषवाचक सर्वनाम– तू, तुम, तुम्हारा, तुम्हें, तुमको, आपको, आपने, आपसे आदि।

अन्य पुरुषवाचक सर्वनाम– वह, वे, उसे, उसको, उसने, उससे, उन्हें आदि।

**1. नीचे दिए वाक्यों में सर्वनाम शब्दों को रेखांकित करके उनके भेद भी लिखिए–**

(क) तुम्हारे कुछ पत्र यहाँ आए हैं। ..............................

(ख) मैं समझता हूँ कि केवल अक्षर-ज्ञान ही शिक्षा नहीं है। ..............................

(ग) मुझे पिता जी की सेवा करने में बहुत आनंद आता था। ..............................

(घ) अब से हमें गरीबी में ही रहना है। ..............................

(ङ) वे तुम्हारे लिए बहुत उपयोगी और मूल्यवान सिद्ध होंगे। ..............................

**2. उचित कारक चिह्न भरकर वाक्य पूरे कीजिए–**

(क) तुम्हें अपनी बीमार माँ .............................. सेवा का अवसर मिला है। (संबंध कारक)

(ख) मेरे विचार .............................. यह बिलकुल सही है। (करण कारक)

(ग) तुम्हारी आधी शिक्षा इसी .............................. पूरी हो जाती है। (करण कारक)

(घ) अक्षर-ज्ञान में गणित और संस्कृत .............................. पूरा ध्यान देना। (अधिकरण कारक)

(ङ) सभी औज़ारों .............................. साफ़ और सुव्यवस्थित रखना। (कर्म कारक)

3. नीचे दिए शब्दों के विलोम शब्द लिखिए–

| | | | |
|---|---|---|---|
| अधिकार – | ............................ | उदारता – | ............................ |
| निश्चित – | ............................ | स्वाभाविक – | ............................ |
| अहिंसा – | ............................ | योग्य – | ............................ |
| गरीबी – | ............................ | उपयोगी – | ............................ |
| सद्‌गुण – | ............................ | मूल्यवान – | ............................ |

## पत्र से आगे

- 'चरित्र निर्माण ही सच्ची शिक्षा है।' आप इस बात से कहाँ तक सहमत हैं? उदाहरण सहित समझाइए।
- देश को स्वतंत्र कराने के लिए अनेक स्वतंत्रता सेनानियों ने जेल की काल-कोठरियों में अंग्रेज़ों के अत्याचारों को सहा, तभी आज हम स्वतंत्र हो पाए हैं। क्या आधुनिक युग में समाज के उद्‌धार के लिए कोई भी नेता जेल की काल-कोठरी में जाने को तैयार होगा? इस संदर्भ में विचार करके बताइए।

## नन्हे हाथों से

- अपने छोटे भाई को कुसंगति से बचने की सीख देते हुए एक पत्र अपनी उत्तर पुस्तिका में लिखिए।
- बेकार की चीज़ों से कुछ नया बनाएँ।

- गांधी जी के प्रसिद्ध भजन की कुछ पंक्तियाँ लिखिए।

..............................................................

..............................................................

..............................................................

..............................................................

..............................................................

..............................................................

..............................................................

..............................................................

..............................................................

..............................................................

..............................................................

..............................................................

..............................................................

..............................................................

..............................................................

..............................................................

## कुछ करने को

- किसी पुस्तकालय में जाकर स्वतंत्रता सेनानियों द्वारा अपने संबंधियों को लिखे गए पत्रों को पढ़िए; जैसे– नेहरू जी द्वारा अपनी बेटी इंदिरा गांधी को लिखे गए पत्र आदि।
- देश के कुछ स्वतंत्रता सेनानियों के चित्र प्रोजेक्ट फाइल में लगाइए और उनके बारे में कुछ प्रमुख बातें भी लिखिए।

## आप क्या करेंगे?

- यदि भारत में घूमने आए पर्यटक हमारे देश के बारे में आपके समक्ष कुछ गलत बात कहें तो आप क्या करेंगे?
- यदि किसी कारणवश आप के ऊपर घर के ऐसे दायित्वों का भार आ पड़े जिससे आपकी शिक्षा में बाधा उत्पन्न हो रही हो तो आप क्या करेंगे?

# 9 जिनीवा

जिनीवा विश्व के सर्वाधिक महँगे शहरों में गिना जाता है। एक बार कार्यालय की ओर से हमें इस महँगे शहर में जाने का अवसर मिला। यद्यपि वहाँ जाने से हमारी जेब पर कोई अतिरिक्त खर्च पड़ने की संभावना नहीं थी, फिर भी किसी नई जगह पर जाएँ और वहाँ की कुछ खास चीज़ों को न देखें तो उस जगह जाना बेमानी लगता है। इसलिए मैं केवल कार्यालय की बैठकों का हिस्सा न बनकर कभी-कभी अपने मन की तृष्णा की भी तृप्ति कर लेता हूँ और जेब पर पड़ने वाले खर्च की परवाह नहीं करता।

जिस शहर में जाना हो, उसकी थोड़ी-बहुत जानकारी जाने से पूर्व ही जुटा लेना एक बुद्धिजीवी होने के नाते मैं अपना कर्तव्य समझता हूँ। मुझे इस शहर के तीन प्रमुख भागों के बारे में पता चला। इस शहर का एक भाग काफ़ी पुराना है जहाँ कई बैंक और बाज़ार हैं। दूसरे भाग में संयुक्त राष्ट्र की संस्थाओं का जमावड़ा है तथा तीसरे भाग में यहाँ का आकर्षण– जिनीवा की प्रसिद्ध झील है।

जिनीवा जाने के लिए हम मुंबई से ज्यूरिख पहुँचे और वहाँ से जिनीवा के लिए उड़ान भरी। मुंबई से सीधे जिनीवा के लिए उड़ान नहीं भरी जा सकती। म्यूनिख होते हुए जिनीवा जाना पड़ता है या फिर ज्यूरिख से होते हुए। मुंबई से ज्यूरिख हवाई अड्डे पर पहुँचकर हमें जिनीवा की उड़ान के लिए मात्र 45 मिनट मिले थे। हमें अपने सामान के लिए कोई विशेष प्रयास नहीं करने पड़े। स्विस एयर की कार्यप्रणाली इतनी सुघड़ और सुव्यवस्थित थी कि हम जिनीवा जाने वाली फ्लाइट 45 मिनट में आसानी से पकड़ सके।

**शिक्षण संकेत**

- बच्चों को देशाटन के लाभ बताते हुए पाठ पढ़ाएँ।
- बच्चों को देश-विदेश की जानकारी दें। संभव हो सके तो बच्चों को किसी देश की यात्रा भी करवाएँ और उन्हें अपने अनुभव लिखने को प्रेरित करें।

स्विट्ज़रलैंड में मुख्यत: तीन भाषाएँ बोली जाती हैं– जर्मन, फ्रेंच और इतावली। जिनीवा की मुख्य भाषा फ्रेंच है। जिनीवा में संयुक्त राष्ट्र का मुख्यालय होने के कारण यहाँ डेढ़ सौ से भी अधिक देशों के लोग रहते हैं। स्वागत कक्ष में जब एक एशियाई युवक को मलयाली लहज़े में अंग्रेज़ी बोलते हुए पाया तो मुझे आश्चर्य मिश्रित खुशी हुई। उससे बातचीत करके मुझे फ्रेंच भाषा के बारे में थोड़ी-बहुत जानकारी मिली। उसने बताया कि फ्रेंच भाषा की एक खासियत यह है कि जैसा लिखते हैं वैसा बोलते बिलकुल नहीं हैं; जैसे– 'लुसान' एक शहर का नाम है। इसका उच्चारण 'लुस्साने' है। इसी तरह 'ऊई' का 'आऊची' और 'पुई' का 'पुली' आदि। जबकि हमारी मातृभाषा में जैसा लिखो वैसा बोलो का ही नियम है। मैंने भाषा की इस विशेषता को समझने की कोशिश की परंतु बैठक का खयाल आते ही उसे जस-का-तस छोड़ दिया और जिस काम के लिए आए थे, उसे पूरा करने के लिए चल दिए।

जिनीवा में गरमी के मौसम में सूर्यास्त नौ बजे के बाद होता है। बैठक के बाद जब हम होटल पहुँचे तो छह बज चुके थे। हमने संयुक्त राष्ट्र के सभी कार्यालयों को देखने का मन बनाया और देखने के लिए निकल पड़े। संयुक्त राष्ट्र के मुख्यालय में सारे सदस्य देशों के झंडे लहरा रहे थे। भारत का झंडा देखकर हमने उसे 'सैल्यूट' किया। संयुक्त राष्ट्र अपने भवन के कारण नहीं बल्कि अपने महत्त्व के कारण जाना जाता है। इसके मुख्यालय के बाहर एक अनोखा स्मारक है– एक विशालकाय कुरसी, जिसका एक पाँव टूटा हुआ है। वह भूमिगत सुरंगों से होने वाले नुकसान की निशानी के तौर पर बनाया गया है।

मुख्यालय से कुछ आगे 'यूनिसेफ' और 'यूएनएड्स' के कार्यालय थे। 'यूएनएड्स' एड्स जैसी भयंकर बीमारी से मुकाबले के लिए बनाई गई संस्था है। 'डब्ल्यूटीओ' एक पुरानी इमारत में स्थित है। 'आईएलओ' और 'आईटीयू' के सामने से गुजरते हुए हम विश्व मौसम संगठन के भवन के सामने जा पहुँचे। यह भवन कुछ खास था। इस भवन को गरमियों में ठंडा और सरदियों में गरम करने की आवश्यकता नहीं होती। जबकि जिनीवा में सरदियों में जमकर बर्फ़ पड़ती है और गरमियों में तापमान तीस डिग्री तक पहुँच जाता है।

संयुक्त राष्ट्र की बैठकें मुख्यत: तीन शहरों में होती हैं। वे शहर हैं– जिनीवा, न्यूयार्क और वियना। प्रत्येक वर्ष लगभग बारह हज़ार बैठकें जिनीवा में, चार हज़ार बैठकें न्यूयार्क में और लगभग डेढ़ हज़ार बैठकें वियना में होती हैं। जिनीवा में औसतन चालीस बैठकें प्रतिदिन होती हैं। बैठकों को ध्यान में रखते हुए यहाँ के होटल, हवाई अड्डे तथा बैठक स्थलों तक आने-जाने के लिए निःशुल्क ट्राम, बसें और रेलगाड़ियाँ उपलब्ध हैं। स्विस ट्रेन व्यवस्था बहुत ही महँगी है। टैक्सी तो इससे भी महँगी पड़ती है। शहर भर में घूमना तो बिलकुल 'फ्री' है जबकि शहर से साठ किलोमीटर दूर दूसरे शहर में जाने का किराया पचास फ्रेंक अर्थात लगभग दो हज़ार रुपए था। टैक्सी से पाँच किलोमीटर जाने का किराया सात सौ रुपए चुकाया तब जाकर हमें इस शहर के महँगे होने का अहसास हुआ।

जिनीवा की जनसंख्या लगभग सवा दो लाख है। दिल्ली या मुंबई जैसे शहरों के मुकाबले यह कुछ भी नहीं है। जिनीवा के आस-पास के उपनगरों की जनसंख्या कुल मिलाकर बारह लाख

है। लगभग इतने ही पर्यटक यहाँ हर वर्ष आते हैं जबकि भारत में दिल्ली और मुंबई जैसे शहरों की जनसंख्या करोड़ों के आँकड़े को पार कर रही है।

इसके बाद जिनीवा के मुख्य आकर्षण वहाँ की झील की सैर के लिए हमने एक क्रूज बोट ली। यह झील लगभग पचहत्तर किलोमीटर लंबी तथा चौदह किलोमीटर चौड़ी है। इस झील के एक किनारे पर जिनीवा और स्विट्जरलैंड तथा दूसरे किनारे पर फ्रांस है। इस झील से लगी आल्प्स पर्वत की श्रेणियाँ हैं– माउंट एवियान और माउंट ब्लॉक जिन्हें वहाँ के उच्चारण के अनुसार 'मो एवियान' और 'मो ब्लॉ' बोला जाता है। झील का पानी एकदम साफ़ था। दोनों ओर हरे-भरे किनारे और पीछे आल्प्स पर्वत शृंखलाएँ इसकी सुंदरता में चार चाँद लगा रही थीं।

झील की सैर करने के बाद हम इस शहर के बैंकों वाले भाग में जा पहुँचे। स्विस बैंक का नाम तो शायद सब ने ही सुना होगा। भारत में तो ये बैंक नेताओं द्वारा काला धन जमा करवाने के नाम पर बहुत ज़ोर-शोर से उछाले जाते हैं। हमने तो इन बैंकों को बाहर से देखकर ही आत्मसंतुष्टि कर ली क्योंकि इन बैंकों के अंदर जाने की हैसियत हमारी नहीं थी। जो लोग रेल और टैक्सी के किराए के लिए जेब को टटोलें, स्विस बैंक के अंदर भला क्या करेंगे? वहाँ से कुछ और आगे बढ़े तो भारत के राष्ट्रपिता महात्मा गांधी को विज्ञापन के पोस्टरों में देखकर हमें बड़ी हैरानी हुई। टेलीकॉम कंपनी हो या रेस्तराँ, सब-के-सब गांधी जी की प्रसिद्धि को भुनाने में लगे थे। शायद उन्हें गांधी जी विश्वास के प्रतीक लगे पर हमारे लिए तो वे राष्ट्रपिता हैं। अतः विज्ञापनों में महात्मा गांधी का चित्र किसी भी भारतीय नागरिक की समझ से परे है। हमने रात के लगभग बारह बजे एक भारतीय रेस्तराँ में खाना खाया। वहाँ एक व्यक्ति के खाने का खर्च लगभग पैंतीस सौ रुपए था। खाना खाकर हम होटल की ओर लौट चले। रात के एक बजे भी जिनीवा में रौनक छाई हुई थी। दूसरे दिन दोपहर में हम हवाई अड्डे पहुँचे और स्वदेश की ओर रवाना हो गए।

## शब्दार्थ

| | | | | | |
|---|---|---|---|---|---|
| **सर्वाधिक** | – | सबसे अधिक | **तृष्णा** | – | प्यास |
| **तृप्ति** | – | आवश्यकता पूरी होने पर मिलने वाली मानसिक शांति | **पूर्व** | – | पहले |
| **मिश्रित** | – | मिली हुई | **खासियत** | – | विशेषता |
| **हैसियत** | – | प्रतिष्ठा, सामर्थ्य-सूचक योग्यता | | | |

## संकलनात्मक एवं रचनात्मक मूल्यांकन

### मौखिक

1. पढ़िए और बोलिए–

कार्यालय    बुद्धिजीवी    सुव्यवस्थित    फ्रेंच    यूनिसेफ    डब्ल्यूटीओ

**2. सोचकर बताइए–**

(क) संयुक्त राष्ट्र के मुख्यालय के सामने कौन-सा स्मारक है?

(ख) 'क्या जिनीवा को बैठकों का शहर कहना उचित होगा?' इसके पक्ष या विपक्ष में उत्तर दीजिए।

(ग) जिनीवा और भारत के महानगरों की तुलना कीजिए और बताइए कि इनमें क्या विभिन्नताएँ देखने को मिलती हैं?

## लिखित

**1. नीचे दिए प्रश्नों के लघु उत्तर दीजिए–**

(क) जिनीवा के प्रमुख भाग कौन-से हैं?

..........................................................................................

..........................................................................................

(ख) जिनीवा की भाषा कौन-सी है और उसकी क्या विशेषता है?

..........................................................................................

..........................................................................................

(ग) लेखक ने मौसम विभाग के भवन को खास क्यों कहा?

..........................................................................................

..........................................................................................

(घ) जिनीवा की जनसंख्या पर प्रकाश डालिए।

..........................................................................................

..........................................................................................

**2. नीचे दिए प्रश्नों के दीर्घ उत्तर दीजिए–**

(क) संयुक्त राष्ट्र की बैठकों का वर्णन कीजिए और बताइए कि जिनीवा में इनके लिए क्या व्यवस्था की गई है?

..........................................................................................

..........................................................................................

..........................................................................................

..........................................................................................

..........................................................................................

(ख) 'जिनीवा महँगा शहर है।' इस बात का अहसास लेखक को कब-कब हुआ? पाठ के आधार पर वर्णन कीजिए।

..............................................................................................................................

..............................................................................................................................

..............................................................................................................................

..............................................................................................................................

(ग) जिनीवा की झील की सुंदरता का वर्णन कीजिए।

..............................................................................................................................

..............................................................................................................................

..............................................................................................................................

..............................................................................................................................

3. नीचे दिए प्रश्नों के उपयुक्त उत्तर पर (✓) का चिह्न लगाइए–

(क) लेखक जिनीवा क्यों गया था?

(*i*) मित्रों के साथ घूमने-फिरने के लिए। ☐

(*ii*) संयुक्त राष्ट्र की ओर से निमंत्रण आने के कारण। ☐

(*iii*) कार्यालय की ओर से बैठक में हिस्सा लेने के लिए। ☐

(*iv*) परिवार के साथ छुट्टियाँ मनाने के लिए। ☐

(ख) जिनीवा की भाषा कौन-सी है?

(*i*) जर्मन ☐ (*ii*) फ्रेंच ☐ (*iii*) इतावली ☐ (*iv*) अंग्रेज़ी ☐

(ग) फ्रेंच भाषा की क्या खासियत है?

(*i*) जैसे लिखी जाती है वैसे ही बोली जाती है। ☐

(*ii*) जैसे लिखी जाती है वैसे बोली बिलकुल नहीं जाती। ☐

(*iii*) पूरे विश्व में बोली जाती है। ☐

(*iv*) अंग्रेज़ों की प्रमुख भाषा है। ☐

(घ) भयंकर बीमारी 'एड्स' के लिए कौन-सी संस्था काम करती है?

(*i*) यूनिसेफ ☐ (*ii*) आईटीयू ☐ (*iii*) यूएनएड्स ☐ (*iv*) डब्ल्यूटीओ ☐

(ङ) संयुक्त राष्ट्र की बैठकें कहाँ होती हैं?

(*i*) जिनीवा में ☐ (*ii*) वियना में ☐ (*iii*) न्यूयार्क में ☐ (*iv*) भारत में ☐

## भाषा ज्ञान

1. **नीचे दिए शब्दों का संधि-विच्छेद कीजिए–**

मुख्यालय – ........................ + ........................

कार्यालय – ........................ + ........................

निराशा – ........................ + ........................

नि:शुल्क – ........................ + ........................

यद्यपि – ........................ + ........................

प्रत्येक – ........................ + ........................

2. **नीचे दिए शब्दों का समास-विग्रह कीजिए–**

राष्ट्रपिता – ........................ कार्यप्रणाली – ........................

जनसंख्या – ........................ करोड़पति – ........................

डाकघर – ........................ मार्गव्यय – ........................

3. **भारत में रहने वालों को भारतीय कहते हैं। नीचे कुछ देशों के नाम दिए हैं, उनमें रहने वाले लोगों को क्या कहते हैं? लिखिए–**

चीन – ........................ जापान – ........................

श्रीलंका – ........................ अमेरिका – ........................

पाकिस्तान – ........................ नेपाल – ........................

रूस – ........................ ऑस्ट्रेलिया – ........................

## यात्रा-वृत्तांत से आगे

- 'जहाँ जाना हो उसकी थोड़ी-बहुत जानकारी पहले ही जुटा लेनी चाहिए।' लेखक के इस कथन से आप कहाँ तक सहमत हैं?
- जिनीवा की तरह यदि हमारे देश में भी बस, रेल आदि की यात्रा नि:शुल्क कर दी जाए तो क्या होगा? कल्पना के आधार पर उत्तर दीजिए।

## नन्हे हाथों से

- उत्तर पुस्तिका में किसी यात्रा का वर्णन अपने शब्दों में लिखिए।
- 'भूमिगत सुरंगों से हानि' पर अनुच्छेद लिखिए।

................................................................................................................................................
................................................................................................................................................
................................................................................................................................................
................................................................................................................................................
................................................................................................................................................
................................................................................................................................................
................................................................................................................................................
................................................................................................................................................
................................................................................................................................................
................................................................................................................................................
................................................................................................................................................

## कुछ करने को

- संयुक्त राष्ट्र का गठन कब और क्यों किया गया? इसके कितने विभाग हैं तथा उनके क्या-क्या कार्य हैं? इंटरनेट की सहायता से जानकारी प्राप्त कीजिए और एक परियोजना बनाइए।
- एक चार्ट पर कुछ प्रमुख अंतर्राष्ट्रीय दिवसों की सूची बनाकर कक्षा में लगाइए।

## आप क्या करेंगे?

- यदि आपको विद्यालय की ओर से किसी प्रतियोगिता में भाग लेने हेतु किसी अन्य राज्य या देश में जाना पड़े तो आप क्या-क्या तैयारियाँ करेंगे?
- यदि आप किसी अनजान जगह पर जाकर रास्ता भटक जाएँ तो आप क्या करेंगे?

## क्या आप जानते हैं?

(क) अंतर्राष्ट्रीय श्रम दिवस कब मनाया जाता है?

(i) 1 मई ☐ (ii) 5 अक्टूबर ☐

(iii) 28 फरवरी ☐ (iv) 24 दिसंबर ☐

(ख) विश्व कैंसर दिवस कब मनाया जाता है?

(i) 12 मार्च ☐ (ii) 4 फरवरी ☐

(iii) 20 अगस्त ☐ (iv) 21 फरवरी ☐

(ग) इनमें से आर॰ के॰ नारायण की पुस्तक कौन-सी है?

(i) माई डेज ☐ (ii) पेंटर ऑफ साइन ☐

(iii) ए टाइगर फॉर मालगुडी ☐ (iv) सभी ☐

(घ) मैला आँचल किसकी प्रसिद्ध कृति है?

(i) फणीश्वरनाथ रेणु ☐ (ii) फातिमा मुट्टो ☐

(iii) रामधारी सिंह दिनकर ☐ (iv) रामचंद्र शुक्ल ☐

(ङ) हैरी पॉर्टर सीरीज़ के लेखक कौन हैं?

(i) एल॰के॰आडवाणी ☐ (ii) जे॰के॰ रॉलिंग ☐

(iii) एडम स्मिथ ☐ (iv) चेतन भगत ☐

(च) इनमें से विलियम शेक्सपीयर की प्रसिद्ध पुस्तक कौन-सी है?

(i) रोमियो जूलियट ☐ (ii) हिस्ट्री ऑफ सेकंड वर्ल्ड वार ☐

(iii) ट्वेल्थ नाइट ☐ (iv) सभी ☐

(छ) इनमें से कौन-सी कृति मुंशी प्रेमचंद की नहीं है?

(i) गोदान ☐ (ii) गबन ☐

(iii) चित्रलेखा ☐ (iv) निर्मला ☐

(ज) इनमें से कौन-सी पुस्तक डॉ॰ ए॰पी॰जे॰ अब्दुल कलाम द्वारा लिखी गई है?

(i) विंग्स ऑफ फायर ☐

(ii) इंडिया-2020 ए विजन फॉर द न्यू मिलेनियम ☐

(iii) माई जर्नी ट्रांसफार्मिंग ड्रीम्स एक्शंस ☐

(iv) सभी ☐

(झ) इनमें से किस पुरस्कार को 'एशिया का नोबेल' पुरस्कार माना जाता है?

(i) पुलित्जर पुरस्कार ☐ (ii) मान बुकर पुरस्कार ☐

(iii) कलिंग पुरस्कार ☐ (iv) रेमन मैग्सेसे पुरस्कार ☐

(ञ) हरगोविंद खुराना, अमर्त्य सेन और सी॰वी॰ रमन में क्या समानता है?

(*i*) नोबेल पुरस्कार विजेता
(*ii*) रेमन मैग्सेसे पुरस्कार विजेता
(*iii*) पुलित्जर पुरस्कार विजेता
(*iv*) ग्रेमी पुरस्कार विजेता

(ट) चेकमेट विशप, नाइट, स्टेलमेट आदि शब्द किस खेल से संबंधित हैं?

(*i*) क्रिकेट
(*ii*) शतरंज
(*iii*) टेनिस
(*iv*) कुश्ती

(ठ) ऑफ साइड, पेनल्टी किक, फ्री किक और टचलाइन किस खेल से संबंधित शब्द हैं?

(*i*) टेनिस
(*ii*) बास्केट बॉल
(*iii*) फुटबॉल
(*iv*) बॉक्सिंग

(ड) इनमें से कौन-सा शब्द हॉकी खेल से संबंधित नहीं है?

(*i*) स्कूप
(*ii*) सेंटर फॉरवर्ड
(*iii*) नो बॉल
(*iv*) फुल बैक

(ढ) यह खिलाड़ी किस खेल से संबंधित है?

(*i*) हॉकी
(*ii*) फुटबॉल
(*iii*) वॉलीबॉल
(*iv*) क्रिकेट

(ण) यह चित्र किस प्रसिद्ध व्यक्ति का है?

(*i*) बराक ओबामा
(*ii*) नरेंद्र मोदी
(*iii*) रतन टाटा
(*iv*) अरविंद केजरीवाल

(त) यह चित्र किस प्रसिद्ध वैज्ञानिक का है?

(*i*) मार्कोनी
(*ii*) एल्फ्रेड नोबेल
(*iii*) अल्बर्ट आइंसटीन
(*iv*) एडीसन

# 10 वस्त्रों के रेशे

आज का युग फैशन का युग है। वस्त्रों को नित नए स्टाइल में पहनना फैशन कहलाता है। फैशन की इस दौड़ में बच्चे, बड़े, बूढ़े और महिलाएँ कोई भी पीछे नहीं है। परंतु आज का युवा फैशन की इस दौड़ में सबको पछाड़ रहा है। फैशन के प्रति उसकी दीवानगी का अनुमान इस बात से लगाया जा सकता है कि वह भले ही खाने-पीने में कटौती कर ले लेकिन फैशन की दौड़ में पीछे रहना उसे कतई गवारा नहीं। मित्रों से वस्त्र माँगकर पहनना भी उन्हें मंजूर है लेकिन स्वयं को रूढ़िवादी या पिछड़ा कहलवाना उन्हें मंजूर नहीं। देखा जाए तो उनकी यह सोच निरर्थक भी नहीं है क्योंकि यह दुनिया पहनावे को पहले देखती है और व्यक्ति के गुणों को बाद में।

बच्चो! फैशन शब्द से तो आप सभी परिचित हैं परंतु क्या आप जानते हैं कि मनुष्यों ने वस्त्रों को कब और कैसे अपने जीवन में स्थान दिया? क्या आप जानते हैं कि वस्त्रों के रेशे कैसे प्राप्त किए जाते हैं? पाषाण युग में जब मनुष्य वस्त्र से परिचित नहीं था तब वह वृक्षों की छाल तथा बड़े-बड़े पत्तों से अपने शरीर को ढकता था। जब मनुष्य ने शिकार करना सीखा तो जंतुओं की खालों को अपने शरीर पर लपेटना शुरू कर दिया। जब मनुष्य ने कृषि के बारे में जाना तो उसने एक जगह पर रहना शुरू कर दिया। उसने अपनी प्रतिदिन की आवश्यक वस्तुओं का निर्माण करना प्रारंभ किया। पेड़ों की पतली टहनियों और घास-फूस से उसने चटाइयाँ, डलियाँ और टोकरियाँ बनाना सीखा। इसी दौरान उसने जंतुओं को पालना भी सीखा और ऊन से परिचित हुआ। उस समय उसने जंतुओं के बालों, ऊन और पेड़ों की लताओं को आपस में गूँथकर वस्त्र तैयार किए।

**शिक्षण संकेत**

- प्रस्तुत पाठ वस्त्र निर्माण की प्रक्रिया पर आधारित है। वस्त्रों के रेशे कैसे प्राप्त किए जाते हैं, यह जानकारी बच्चों को दें।
- यदि संभव हो सके तो बच्चों को किसी कारखाने आदि में ले जाएँ और उन्हें वस्त्र तैयार करने की प्रक्रिया से अवगत कराएँ।
- बच्चों को जीवों की खालों से बने वस्त्र व अन्य वस्तुओं का प्रयोग न करने की सलाह दें।

गंगा के निकटवर्ती क्षेत्रों में भारतवासियों ने कपास की खेती शुरू की। उससे प्राप्त रुई से वस्त्र तैयार कर पहनना प्रारंभ किया। यद्यपि उस समय मनुष्य ने वस्त्रों को सिलना नहीं सीखा था। वह तो केवल रुई के रेशों से वस्त्र बुनकर शरीर पर लपेटना जानता था। फिर सूई का निर्माण हुआ। सूई के आविष्कार ने मनुष्य को वस्त्रों की सिलाई से परिचित करवाया। सूई द्वारा हाथ से वस्त्र सिलकर पहने जाने लगे।

सूई की मशीन के आविष्कार ने तो वस्त्रों की विविधताओं में क्रांति-सी ला दी। वस्त्रों को नए-नए प्रकार से काट-छाँटकर सिलने की कला ने मनुष्य का फैशन से परिचय करवाया। वैसे, आज भी बिना सिले वस्त्रों के रूप में साड़ी, लुंगी और पगड़ियों का प्रयोग किया जाता है। भारत में जहाँ भोजन में अत्यधिक विविधता पाई जाती है, वहीं वस्त्रों की विविधता भी देखने को मिलती है।

वस्त्रों को केवल फैशन के अनुरूप ही नहीं वरन मौसम को भी ध्यान में रखकर तैयार किया और पहना जाता है। गरमियों में जहाँ सूती और हलके वस्त्र पहने जाते हैं वहीं सरदियों में गरम व ऊनी वस्त्र पहने जाते हैं। ऊन हमें भेड़, बकरी, याक आदि जंतुओं से मिलती है। ऊन प्रदान करने वाले इन जंतुओं के शरीर बालों की मोटी परत से ढके होते हैं। बालों के बीच वायु आसानी से अधिक मात्रा में भर जाती है। वायु ऊष्मा की कुचालक है इसलिए बाल जंतुओं के शरीर को गरम रखते हैं। ऊन इन्हीं बालों या रोएँदार रेशों से प्राप्त की जाती है। ये रेशे जांतव कहलाते हैं। भेड़ों की रोएँदार त्वचा पर दो प्रकार के रेशे पाए जाते हैं– एक तो बढ़े हुए रूखे बाल तथा दूसरे त्वचा के निकट तंतुरूपी मुलायम बाल। तंतुरूपी मुलायम बाल ऊन बनाने के काम आते हैं। याक का ऊन तिब्बत और लद्दाख में बहुत प्रचलित है जबकि जम्मू एवं कश्मीर में 'अंगोरा' नस्ल की बकरियों से प्राप्त ऊन की बहुत माँग है। कश्मीरी बकरी 'अंगोरा' की त्वचा पर मुलायम बाल या फ़र होते हैं जिनसे बेहतरीन शालें बनाई जाती हैं। ये शालें पशमीना शालों के नाम से मशहूर हैं।

जंतुओं से ऊन प्राप्त करने की प्रक्रिया काफी लंबी होती है। इसमें जंतुओं के बालों को बड़ी सावधानी से उनकी त्वचा की पतली परत के साथ शरीर से उतारा जाता है। यद्यपि बाल उतारते समय जंतुओं को विशेष कष्ट नहीं होता क्योंकि उनकी त्वचा की सबसे ऊपरी परत अधिकांशतः मृत कोशिकाओं से बनी होती है। जंतुओं के बाल कटने के बाद पुनः उगने लगते हैं; जैसे– हमारे सिर के बाल कटने के बाद पुनः निकल आते हैं। जंतुओं के बालों की उतराई (कटाई) के लिए कुशलता की आवश्यकता होती है।

बालों की उतराई के बाद उन्हें अच्छी तरह से धोया जाता है। जिससे उनमें फँसी धूल, मिट्टी व चिकनाई आदि निकल जाए। यह प्रक्रिया अभिमार्जन कहलाती है। पहले अभिमार्जन बड़े-बड़े टैंकों में ऊन को डालकर हाथों द्वारा किया जाता था जिसमें काफी समय व मेहनत लगती थी। परंतु आजकल अभिमार्जन बड़ी-बड़ी मशीनों द्वारा बड़ी सरलता से तथा कम समय में संभव हो गया है।

अभिमार्जन के बाद छँटाई की प्रक्रिया शुरू होती है। जिसमें रोमिल अथवा रोएँदार बालों को कारखानों में ऊन के निर्माण के लिए भेज दिया जाता है। जहाँ उन्हें उनकी योग्यता के अनुसार काट-छाँट लिया जाता है। बालों के छोटे-छोटे कोमल रेशों को जिन्हें बर कहते हैं, छाँट लिया जाता है। फिर इन्हें पुनः अभिमार्जन करके सुखा लिया जाता है। इसके बाद इस उत्पाद को धागों के रूप में काता जाता है जो ऊन के रूप में हमारे सामने आता है।

ऊन विविध रंगों में पाई जाती है जबकि जंतुओं से प्राप्त होने वाली ऊन काली, भूरी और सफ़ेद होती है। यह तो आप समझ ही गए होंगे कि ऊन के विविध रंग उनकी रंगाई के बाद ही संभव हो पाते हैं। इन विविध रंगों की ऊन से विविध प्रकार के स्वेटर, शाल और अन्य ऊनी वस्त्र तैयार किए जाते हैं।

सूती वस्त्रों के लिए कपास की खेती की जाती है। कपास को एकत्र कर उसकी छँटाई एवं कताई की जाती है। कताई के बाद धागों का निर्माण और फिर धागों से वस्त्र निर्माण होता है। बड़ी-बड़ी मशीनों में थान-के-थान एक साथ तैयार हो जाते हैं। इसी प्रकार रेशमी वस्त्रों के लिए रेशम के कीटों का पालन किया जाता है। कीटों द्वारा तैयार रेशम को एकत्र करके उनके रेशों का भी अभिमार्जन, कातन तथा रंगाई-पुताई के बाद वस्त्र निर्माण होता है। आजकल मशीनों द्वारा कृत्रिम रेशम भी तैयार किया जाता है। यद्यपि प्राकृतिक रेशों से तैयार वस्त्र की अपनी एक अलग ही पहचान होती है। किसी समय में ढाका की मखमल बहुत प्रसिद्ध होती थी। पूरा-का-पूरा थान एक अँगूठी के अंदर से निकाला जा सकता था। उसकी महीनता का प्रमाण इससे अधिक और क्या हो सकता है!

मनुष्य फैशन की दौड़ में आगे रहना चाहता है तो रहे परंतु उसे ऐसे वस्त्रों को नहीं पहनना चाहिए जो जीवों की मृत्यु का कारण रहे हों। लैदर कोट, जैकेट, दस्तानें आदि कुछ ऐसे उत्पाद हैं जो जानवरों को मारकर उनकी खाल से बनाए जाते हैं। जानवरों की असमय मृत्यु का कारण उनसे बनने वाले उत्पाद हैं जो धनाढ्य वर्ग द्वारा ऊँची कीमत पर खरीदे जाते हैं। यदि लोग ऐसे उत्पादों को खरीदना बंद कर दें जो जानवरों की खाल से बनाए जाते हैं तो निःसंदेह निरीह जानवरों को असामयिक मृत्यु का शिकार नहीं होना पड़ेगा।

## शब्दार्थ

| | | | | | |
|---|---|---|---|---|---|
| कटौती करना | – | काट लेना, कमी करना | रूढ़िवादी | – | परंपरागत बातों को मानने वाला |
| निकटवर्ती | – | पास की | विविधता | – | विभिन्नता |
| अनुरूप | – | समान रूपवाला, सदृश | अभिमार्जन | – | रेशों को छाँटकर धुलाई करने की प्रक्रिया |
| धनाढ्य | – | धनवान | निरीह | – | असहाय, निर्दोष |

# संकलनात्मक एवं रचनात्मक मूल्यांकन

## मौखिक

1. **पढ़िए और बोलिए–**

फैशन रूढ़िवादी पाषाणयुग पशमीना लद्दाख

2. **सोचकर बताइए–**

(क) आज का युवा फैशन की दौड़ में पीछे क्यों नहीं रहना चाहता?

(ख) जंतुओं का सरदी से बचाव कैसे होता है?

(ग) बाल उतारते समय जंतुओं को कष्ट क्यों नहीं होता?

## लिखित

1. **नीचे दिए प्रश्नों के उत्तर शब्दों में दीजिए–**

(क) आज का युवा स्वयं को क्या नहीं कहलवाना चाहता है? ..............................

(ख) भारतवासियों ने सर्वप्रथम कपास की खेती कहाँ शुरू की थी? ..............................

(ग) वस्त्रों को किसके अनुरूप तैयार किया जाता है? ..............................

(घ) ऐसे कौन-से वस्त्र हैं जो बिना सिले ही पहने जाते हैं? ..............................

(ङ) 'अंगोरा' नस्ल की बकरियाँ कहाँ पाई जाती हैं? ..............................

2. **नीचे दिए प्रश्नों के लघु उत्तर दीजिए–**

(क) जब वस्त्र नहीं थे तब मनुष्य अपने शरीर को कैसे ढकता था?

..............................................................................................

..............................................................................................

(ख) जांतव रेशे किन्हें कहते हैं?

..............................................................................................

..............................................................................................

(ग) जंतुओं के शरीर को गरम रखने में बाल किस प्रकार सहायक होते हैं?

..............................................................................................

..............................................................................................

(घ) पशमीना शालों का निर्माण कहाँ और कैसे किया जाता है?

..................................................................................................................................

..................................................................................................................................

3. नीचे दिए प्रश्नों के दीर्घ उत्तर दीजिए–

(क) जंतुओं से ऊन कैसे प्राप्त की जाती है?

..................................................................................................................................

..................................................................................................................................

..................................................................................................................................

..................................................................................................................................

(ख) रेशों के निर्माण में अभिमार्जन का क्या महत्त्व है? इस प्रक्रिया का वर्णन कीजिए।

..................................................................................................................................

..................................................................................................................................

..................................................................................................................................

..................................................................................................................................

(ग) 'लैदर' से बने उत्पाद क्यों नहीं खरीदने चाहिए?

..................................................................................................................................

..................................................................................................................................

..................................................................................................................................

..................................................................................................................................

4. नीचे दिए प्रश्नों के उपयुक्त उत्तर पर (✓) का चिह्न लगाइए–

(क) आज के युवा को क्या पसंद नहीं है?

(*i*) फैशनेबल कहलाना ☐ (*ii*) रूढ़िवादी कहलाना ☐

(*iii*) शिक्षित कहलाना ☐ (*iv*) अफ़सर कहलाना ☐

(ख) दुनिया सबसे पहले क्या देखती है?

(*i*) लोगों के गुणों को ☐ (*ii*) लोगों के आर्थिक लेन-देन को ☐

(*iii*) लोगों के पहनावे को ☐ (*iv*) लोगों के घरों को ☐

(ग) सिलाई मशीन के आविष्कार से क्या हुआ?

(*i*) वस्त्रों को ठीक करना आ गया। ☐

(*ii*) वस्त्रों के निर्माण का कार्य आरंभ हुआ। ☐

(*iii*) वस्त्रों की विविधता में क्रांति-सी आ गई।
(*iv*) वस्त्रों की महत्ता घट गई।

(घ) रेशों के अभिमार्जन का सरलीकरण किसके कारण संभव हो पाया है?
(*i*) बड़ी-बड़ी मशीनों के कारण (*ii*) बड़े-बड़े टैंकों के कारण
(*iii*) बड़े-बड़े घरों के कारण (*iv*) बड़े-बड़े शहरों के कारण

(ङ) लैदर कोट, जैकेट आदि किससे बनते हैं?
(*i*) पशुओं के बालों से (*ii*) पशुओं के सींगों से
(*iii*) पशुओं की खालों से (*iv*) पशुओं के दाँतों से

## भाषा ज्ञान

**1. नीचे दिए शब्दों में 'ता' प्रत्यय लगाकर शब्द बनाइए–**

(क) मनुष्य .............................. (ख) विविध ..............................
(ग) कुशल .............................. (घ) अधिक ..............................
(ङ) आवश्यक .............................. (च) निकट ..............................

**2. नीचे दिए शब्दों के समानार्थी शब्द लिखकर वर्ग-पहेली को पूरा कीजिए–**

**ऊपर से नीचे**

1. प्राणी
3. मुसीबत
4. कपड़ा

**बाएँ से दाएँ**

2. अँगूठी
4. धरती
5. हवा
6. शरीर
7. आकाश
8. आदत

| | | | | |
|---|---|---|---|---|
| | 1 जी | 2 मु | – | – |
| 3 आ | 4 – | – | – | रा |
| – | – | 5 – | व | – |
| 6 – | 7 न | – | 8 – | त |

3. **वाक्यों में दिए अशुद्ध शब्दों को शुद्ध करके वाक्य पुनः लिखिए–**

(क) प्राचीन समय में मनुष्य वस्त्रों को सीलना नहीं जानता था।

..........................................................................................

(ख) वायु ऊष्मा की कुचालाक है।

..........................................................................................

(ग) तंतूरूपी मुलायाम बाल ऊन बनाने के काम आते हैं।

..........................................................................................

(घ) उन हमें भेड़, बकरियों तथा याक से मिलती है।

..........................................................................................

(ङ) रेशों का अभिमार्जक करके सुखा लिया जाता है।

..........................................................................................

(च) कापास से सूती वस्त्रों का निर्माण किया जाता है।

..........................................................................................

4. **गद्यांश को पढ़िए और प्रश्नों के उत्तर दीजिए–**

अभिमार्जन के बाद छँटाई की प्रक्रिया शुरू होती है। जिसमें रोमिल अथवा रोएँदार बालों को कारखानों में ऊन के निर्माण के लिए भेज दिया जाता है। जहाँ उन्हें उनकी योग्यता के अनुसार काट-छाँट लिया जाता है। बालों के छोटे-छोटे कोमल रेशों को जिन्हें 'बर' कहते हैं, छाँट लिया जाता है। फिर इन्हें पुनः अभिमार्जन करके सुखा लिया जाता है। इसके बाद इस उत्पाद को धागों के रूप में काता जाता है जो ऊन के रूप में हमारे सामने आता है।

(क) कौन-से बालों को कारखानों में भेजा जाता है?

(*i*) रुखे ☐ (*ii*) कोमल ☐ (*iii*) कठोर ☐ (*iv*) रोमिल अथवा रोएँदार ☐

(ख) छोटे-छोटे बालों को क्या कहते हैं?

(*i*) भर्र ☐ (*ii*) बर ☐ (*iii*) झर ☐ (*iv*) नर ☐

(ग) कारखानों में 'बर' का क्या किया जाता है?

..........................................................................................

(घ) ऊन किस रूप में हमारे सामने आती है?

..........................................................................................

(ङ) निम्न शब्दों से प्रत्यय या उपसर्ग अलग करके लिखिए–

योग्यता – ........................ अभिमार्जन – ........................

## लेख से आगे

- यदि मनुष्य को वस्त्र निर्माण का संज्ञान न होता तो क्या होता? कल्पना कीजिए।
- हम जो वस्त्र पहनते हैं, उन्हें धोना और इस्त्री करना पड़ता है। क्या ऐसे वस्त्र का निर्माण संभव है, जिसे धोना और इस्त्री न करना पड़े। सोचकर उत्तर दीजिए।

## नन्हे हाथों से

- 'वस्त्रों की उपयोगिता' पर अनुच्छेद लिखिए।

.........................................................................................................................................................................

.........................................................................................................................................................................

.........................................................................................................................................................................

.........................................................................................................................................................................

.........................................................................................................................................................................

.........................................................................................................................................................................

.........................................................................................................................................................................

.........................................................................................................................................................................

.........................................................................................................................................................................

## कुछ करने को

- अध्यापक/अध्यापिका की सहायता से 'जीव-जंतुओं का संरक्षण' विषय पर एक गोष्ठी का आयोजन कीजिए।
- रेशम के कीटों का पालन कैसे होता है? उनके जीवन-चक्र की जानकारी एकत्र करके एक परियोजना तैयार कीजिए।

## आप क्या करेंगे?

- यदि कोई संस्था आपके विद्यालय में आकर पुराने वस्त्रों को दान करने को कहे तो आप क्या करेंगे?
- यदि आपके विद्यालय में फैंसी ड्रेस प्रतियोगिता का आयोजन किया जा रहा हो और उसमें प्रथम आने के उद्देश्य से आप कोई कीमती ड्रेस मँगवाने हेतु अभिभावक से कहें परंतु वे उसे लाने में असमर्थता जताएँ तो आप क्या करेंगे?

# 11 शक्ति और क्षमा

क्षमा, दया, तप, त्याग, मनोबल,
सबका लिया सहारा।
पर नर-व्याघ्र, सुयोधन तुमसे
कहो, कहाँ कब हारा।।

क्षमाशील हो रिपु समक्ष,
तुम हुए विनत जितना ही।
दुष्ट कौरवों ने तुमको,
कायर समझा उतना ही।।

क्षमा शोभति उसी भुजंग को,
जिसके पास गरल हो।
उसको क्या, जो दंतहीन,
विषरहित, विनीत, सरल हो।।

तीन दिवस तक पथ माँगते,
रघुपति सिंधु किनारे।
बैठे पढ़ते रहे छंद,
अनुनय के प्यारे-प्यारे।।

**शिक्षण संकेत**

- बच्चों से कविता का समूहगान करवाएँ।
- अनेक उदाहरण देते हुए बताएँ कि शक्ति के बिना क्षमा का कोई महत्त्व नहीं है। परंतु शक्ति का प्रदर्शन तभी किया जाना चाहिए जब उसकी अत्यधिक आवश्यकता हो। नि:सहाय व कमज़ोर लोगों पर अपनी शक्ति का प्रदर्शन नहीं करना चाहिए।

उत्तर में जब एक नाद भी,
उठा नहीं सागर से।
उठी धधक पौरुष से,
आग राम के शर से।।

सिंधु देह धर 'त्राहि-त्राहि,'
करता आ गिरा शरण में।
चरण पूज दासता ग्रहण की,
बँधा मूढ़ बंधन में।।

सच पूछो तो शर में ही,
बसती है दीप्ति विनय की।
संधि-वचन संपूज्य उसी का,
जिसमें शक्ति विजय की।।

सहनशीलता, क्षमा, दया को,
तभी पूजता जग है।
बल का दर्प चमकता, उसके
पीछे जब जगमग है।।

**—रामधारी सिंह 'दिनकर'**

रामधारी सिंह 'दिनकर' का जन्म 23 सितंबर, 1908 को बिहार के बेगुसराय जिले में हुआ था। पटना विश्वविद्यालय से बी.ए. उत्तीर्ण करने के बाद इन्होंने अध्यापन कार्य प्रारंभ किया। 1934 से 1947 तक ये बिहार में उच्च पदों पर आसीन रहे। 1950 से 1952 तक मुज़फ्फरपुर कालेज में हिंदी के विभागाध्यक्ष और उसके बाद भागलपुर विश्वविद्यालय में उपकुलपति पद पर रहे। इसके पश्चात भारत सरकार के हिंदी सलाहकार के रूप में चयनित हुए। इन्हें 'पद्मविभूषण' से सम्मानित किया गया। इनकी उत्कृष्ट कृति 'उर्वशी' के लिए इन्हें 'ज्ञानपीठ' पुरस्कार से सम्मानित किया गया। इनकी प्रमुख कृतियाँ हैं— रश्मिरथी, उर्वशी, संस्कृति के चार अध्याय, परशुराम की प्रतीक्षा, हाहाकार, चक्रव्यूह, आत्मजयी, वाजश्रवा के बहाने आदि। 24 अप्रैल, 1974 को संसार को अलविदा कह वीर रस के ये ओजस्वी कवि सदा के लिए अमर हो गए।

## शब्दार्थ

| | | | | | | | | |
|---|---|---|---|---|---|---|---|---|
| व्याघ्र | – | बाघ | सुयोधन | – | दुर्योधन | रिपु | – | शत्रु |
| शोभति | – | शोभा देती है | भुजंग | – | साँप | गरल | – | विष |
| अनुनय | – | विनती | शर | – | बाण | दीप्ति | – | रोशनी, आभा |
| दर्प | – | घमंड | | | | | | |

## संकलनात्मक एवं रचनात्मक मूल्यांकन

### मौखिक

1. पढ़िए और बोलिए–

मनोबल दुष्ट दंतहीन पौरुष त्राहि-त्राहि

2. सोचकर बताइए–

(क) कौरवों ने पांडवों को कायर क्यों समझा था?

(ख) रघुपति की विनती का सिंधु पर क्या असर हुआ?

(ग) सिंधु ने रघुपति की दासता क्यों ग्रहण की?

### लिखित

1. नीचे दिए प्रश्नों के उत्तर शब्दों में दीजिए–

(क) कविता में नर-व्याघ्र किसे कहा गया है? ..............................

(ख) क्षमाशील पांडवों को कौरव क्या समझते थे? ..............................

(ग) रघुपति ने पथ देने के लिए कितने दिनों तक सिंधु से विनती की? ..............................

(घ) जब राम के बाणों से आग निकली तो क्या हुआ? ..............................

(ङ) सिंधु देह धारणकर किसकी शरण में आया? ..............................

2. नीचे दिए प्रश्नों के लघु उत्तर दीजिए–

(क) क्षमा किसे शोभा नहीं देती है?

..........................................................................................

..........................................................................................

(ख) जब सिंधु ने रास्ता नहीं दिया तो रघुपति ने क्या किया?

.......................................................................................................

.......................................................................................................

(ग) किसके वचनों का मूल्य समझा जाता है?

.......................................................................................................

.......................................................................................................

(घ) जग की रीति कैसी है?

.......................................................................................................

.......................................................................................................

**3. नीचे दिए प्रश्नों के दीर्घ उत्तर दीजिए–**

(क) सिंधु ने रघुपति की दासता क्यों ग्रहण की?

.......................................................................................................

.......................................................................................................

.......................................................................................................

.......................................................................................................

(ख) 'क्षमा शोभति उसी भुजंग को, जिसके पास गरल हो।' इस पंक्ति की सप्रसंग व्याख्या कीजिए।

.......................................................................................................

.......................................................................................................

.......................................................................................................

.......................................................................................................

(ग) इस कविता का मूल भाव अपने शब्दों में लिखिए।

.......................................................................................................

.......................................................................................................

.......................................................................................................

.......................................................................................................

**4. नीचे दिए प्रश्नों के उपयुक्त उत्तर पर (✓) का चिह्न लगाइए–**

(क) क्षमा, दया, तप, त्याग, मनोबल का सहारा किसने लिया था?

(*i*) कौरवों ने ☐ (*ii*) पांडवों ने ☐ (*iii*) सिंधु ने ☐ (*iv*) रावण ने ☐

(ख) विषरहित साँप को क्या शोभा नहीं देती?

(*i*) दया ☐ (*ii*) दीप्ति ☐ (*iii*) क्षमा ☐ (*iv*) विनती ☐

(ग) राम किससे विनती कर रहे थे?

(i) सिंधु से ☐ (ii) रावण से ☐ (iii) पांडवों से ☐ (iv) कौरवों से ☐

(घ) विनय की दीप्ति किसमें बसती है?

(i) मन में ☐ (ii) धन में ☐ (iii) वन में ☐ (iv) शर में ☐

## भाषा ज्ञान

**1. नीचे दिए वाक्यों में रेखांकित शब्दों के विलोम शब्द लिखकर वाक्य पुनः लिखिए–**

(क) <u>दुष्ट</u> व्यक्ति से दयालुता की आशा नहीं करनी चाहिए।

<u>दयालु</u> व्यक्ति से ही दयालुता की आशा करनी चाहिए।

(ख) <u>वीर</u> सिपाही कभी मैदान छोड़कर नहीं भागते।

..........................................................................................

(ग) <u>विष</u> संसार में सर्वत्र प्राप्य है।

..........................................................................................

(घ) <u>बलशाली</u> प्राणियों को ही क्षमा शोभा देती है।

..........................................................................................

**2. नीचे दिए शब्दों के समानार्थी शब्द लिखिए–**

| | | | | | |
|---|---|---|---|---|---|
| हार – | .................. | .................. | सिंधु – | .................. | .................. |
| भुजंग – | .................. | .................. | शर – | .................. | .................. |
| गरल – | .................. | .................. | जग – | .................. | .................. |
| पथ – | .................. | .................. | चरण – | .................. | .................. |

**3. नीचे दिए वाक्यों में संबंधबोधक शब्द भरकर रिक्त स्थानों की पूर्ति कीजिए–**

(क) धर्म .................. मुक्ति संभव नहीं।

(ख) मेरे घर .................. एक पार्क है।

(ग) हिमालय .................. बर्फ़ जमी है।

(घ) घर .................. मत खेलो।

(ङ) रीना नेहा .................. बाज़ार चली गई।

## कविता से आगे

- यदि पांडव प्रारंभ में ही कौरवों को अपनी शक्ति का परिचय दे देते तो महाभारत की कथा में कौन-सा परिवर्तन देखने को मिलता? कल्पना के आधार पर उत्तर दीजिए।

## नन्हे हाथों से

- एक वास्तविक पहलवान और एक कागज़ी पहलवान दोनों मेले में घूम रहे थे। वास्तविक पहलवान की किसी बात पर कागज़ी पहलवान को क्रोध आ गया। उनके बीच वार्तालाप कुछ इस प्रकार शुरू हुआ। इस संवाद को आगे बढ़ाइए–

कागज़ी पहलवान – क्या तुमने बड़ों का आदर करना नहीं सीखा है?

वास्तविक पहलवान – हुज़ूर, क्या गलती हो गई?

कागज़ी पहलवान – देखते नहीं कि मैं तुमसे बड़ा होकर तुम्हारे पीछे चल रहा हूँ और तुम आगे-ही-आगे दौड़े जा रहे हो।

वास्तविक पहलवान – ओह! क्षमा कीजिए। पर मैं क्या करूँ, मुझसे सुस्त चाल से चला नहीं जाता।

कागज़ी पहलवान – ..............................

वास्तविक पहलवान – ..............................

कागज़ी पहलवान – ..............................

वास्तविक पहलवान – ..............................

कागज़ी पहलवान – ..............................

वास्तविक पहलवान – ..............................

कागज़ी पहलवान – ..............................

वास्तविक पहलवान – ..............................

कागज़ी पहलवान – ..............................

वास्तविक पहलवान – ..............................

## कुछ करने को

- वीर रस की कविताओं का संकलन कीजिए और उन्हें ओजस्वी वाणी में सुनाइए।
- 'दिनकर' जी की अन्य कविताएँ कक्षा में पढ़कर सुनाइए।

## आप क्या करेंगे?

- यदि आप पर क्रोधित होकर कोई छोटा बालक आपका अहित कर दे तो आप क्या करेंगे?
- लाख समझाने पर भी जब सामने वाला झगड़ने को तैयार बैठा हो तो आप क्या करेंगे?

# 12 रिश्वत फंड

*[ शरीर पर फटे-पुराने कपड़े पहने हुए, सफ़ेद लंबी दाढ़ी वाला एक जटाधारी बूढ़ा लाठी टेकता हुआ धीरे-धीरे रास्ते पर चला जा रहा है। उसकी कमर झुकी हुई है। सड़क के किनारे मैदान में कुछ बच्चे खेल रहे हैं।]*

पहला बालक : ( *बूढ़े को देखकर*) क्यों बाबा! सुबह-ही-सुबह कहाँ जा रहे हो?

( *सभी बच्चे बूढ़े को घेर लेते हैं।*)

बूढ़ा : जाओ बच्चो! मेरा समय खोटा मत करो। मुझे जल्दी जाना है।

दूसरा बालक : कहाँ जाना है बाबा? भीख माँगने जाना है न... लो ये पैसे मेरी तरफ़ से रख लो।

( *बच्चा जेब से पैसे निकालकर बूढ़े को देता है।*)

बूढ़ा : ना... ना बेटे! मैं कोई भिखारी नहीं हूँ। मैं भीख नहीं माँगता हूँ।

तीसरा बालक : ( *व्यंग्य से*) भिखारी नहीं हो तो क्या बादशाह हो? बाबा, तुम तो ऐसे बन रहे हो जैसे कोई रईस हो।

चौथा बालक : अरे, बाबा को ऐसा-वैसा मत समझो। चाँदी की चम्मच मुँह में लेकर पैदा हुए थे ये।

( *सभी बच्चे हँसते हैं।*)

बूढ़ा : तुम हँस रहे हो बच्चो? सच मानो, कभी मैं भी दुनिया का बहुत खुशहाल आदमी था।

पहला बालक : खुशहाल या मालामाल?

दूसरा बालक : कभी आप भी राजा भोज थे अपने समय के, क्यों बाबा?

तीसरा बालक : कभी राजा भोज थे, अब तो गँगू तेली भी नहीं रहे।

चौथा बालक : अरे, पहले भी गँगू तेली था बाबा, अब भी गँगू तेली है। बाबा बेकार में बन रहा है।

पहला बालक : क्यों बाबा, आपने यह कहावत सुनी है—बदन पे नहीं लत्ता, शान दिखावे अलबत्ता।

( *बच्चे फिर ठहाका मारकर हँसते हैं।*)

बूढ़ा : तुम अभी नादान हो बच्चो, तुम मेरी बात नहीं समझोगे।

पहला बालक : समझेंगे क्यों नहीं बाबा, ज़रूर समझेंगे परंतु समझने वाली कोई बात हो तब न।

**शिक्षण संकेत**

- बच्चों को बताएँ कि प्रस्तुत पाठ में भ्रष्टाचार पर व्यंग्य किया गया है। भ्रष्टाचार रूपी दीमक समाज को खोखला कर देती है। छोटे-से-छोटे कार्य के लिए रिश्वत देनी पड़ती है। जिसके कारण निम्न व मध्यम वर्ग पिसकर रह जाता है।
- बच्चों को यह भी बताएँ कि रिश्वत देना अपराध है। कभी भी किसी लालच में आकर अनुचित कार्य न तो करना चाहिए और न ही किसी कार्य को करवाने के लिए संबंधित कर्मचारी को रिश्वत देनी चाहिए।

बूढ़ा : यकीन करो। मैं भिखारी नहीं हूँ। समय का मारा हूँ। कभी मैं भी बहुत संपन्न आदमी था।

पहली बालिका : बहुत संपन्न आदमी थे? क्या-क्या था आपके पास, बाबा?

बूढ़ा : (*ठंडी साँस भरते हुए*) क्या नहीं था बच्चो! एक शानदार भवन था जो अब जर्जर हो गया है और गिरने ही वाला है। बत्तीस नौकर थे जो आदेश मिलते ही मेरी सेवा में लग जाते थे।

दूसरा बालक : फिर वे क्या हुए बाबा? कहाँ चले गए?

बूढ़ा : एक-एक करके सभी मुझे छोड़कर चले गए।

पहला बालक : क्यों छोड़कर चले गए? आपने उनकी पगार नहीं दी होगी। क्यों सही है ना बाबा?

दूसरा बालक : हाँ-हाँ, ज़रूर बाबा ने उनकी पगार मार ली होगी।

तीसरा बालक : अच्छा, तो सभी बत्तीस नौकर तुम्हें छोड़कर चले गए। बाबा, और क्या था आपके पास?

बूढ़ा : पाँच सेविकाएँ थीं। वे अब बहुत दुर्बल हो गई हैं। कभी भी मेरा साथ छोड़ सकती हैं।

कई बालक : (*एक साथ*) आप झूठ बोलते हो बाबा, आप झूठ बोलते हो। हाथी मरकर भी सवा लाख का होता है, आप तो सवा टके के भी नहीं हो। यह कैसे?

पहला बालक : अरे! कुछ नहीं, खाली में शेखी बघारता है, बाबा। इतना सब था तो इस हाल में कैसे पहुँच गए?

दूसरा बालक : अगर आप सच्चे हो तो इसका सबूत दो बाबा!

बूढ़ा : सुनो बच्चो! तुम मेरा यह शरीर देख रहे हो–बीमार, दुबला और कंकाल, कभी बहुत शानदार सजीला, शक्तिशाली और सुंदर था। मैं इस भवन का राजा था। अब समय ने इसे खंडित कर दिया है।

दूसरा बालक : (*गंभीरता से सोचते हुए*) बाबा ठीक कहता है, मित्रो! इसकी बात में दम है।

तीसरा बालक : आपके शानदार भवन की बात तो समझ में आ गई बाबा, पर वह बत्तीस नौकरों वाला तुम्हारा दावा तो झूठा ही लगता है।

बूढ़ा : (*ऊँचे स्वर में*) झूठ नहीं है, बेटे! सुनो, कुछ समय पहले तक मेरे मुँह में बत्तीस दाँत थे। यही मेरे नौकर थे। आदेश मिलते ही यह सब मेरी सेवा में लग जाते थे। मुझे खिलाते-पिलाते थे। स्वादिष्ट व्यंजनों का आनंद देते थे। धीरे-धीरे ये टूटने लगे। अलग हो गए। अब पोपले मुँह से रोटी चबाना भी मुश्किल है।

दूसरी बालिका : (*हँसते हुए*) आप तो बहुत बुद्धिमान हो बाबा। क्या बढ़िया बात बताई है! भाई वाह! मज़ा आ गया।

चौथा बालक : बत्तीस नौकर और शानदार भवन का रहस्य तो खुल गया बाबा, पर वे जो पाँच सेविकाएँ थीं, उनका क्या हुआ?

बूढ़ा : हाँ, अब उनकी बात भी सुन लो। वे जो पाँच सेविकाएँ थीं, अब वे दुबली हो गई हैं। ठीक से मेरी सेवा नहीं कर पा रही हैं।

पहला बालक : पर वे हैं कहाँ?

बूढ़ा : ये सेविकाएँ इंद्रियों के रूप में सभी के पास होती हैं- त्वचा, आँख, नाक, कान, जीभ आदि। बुढ़ापे के कारण ये अब कमज़ोर हो गई हैं। जब तक ये मेरे पास थीं, मैं बड़ा संपन्न आदमी था, पर अब...!

कई बालक : (*एक साथ*) बाबा ने ठीक कहा। बिलकुल ठीक कहा, बाबा ने।

दूसरा बालक : बाबा तो बड़ा विद्वान लगता है! बाबा, आप सही कह रहे हो?

बूढ़ा : हाँ बेटा! याद रखो, जिसके पास शरीर के रूप में एक भवन, दाँतों के रूप में बत्तीस नौकर और इंद्रियों के रूप में पाँच सेविकाएँ हों, वह दरिद्र नहीं होता।

(*बूढ़े की प्रशंसा में सब बच्चे तालियाँ बजाते हैं।*)

तीसरा बालक : पर बाबा! इस दरिद्रता की हालत में आप कहाँ जा रहे हो? भिक्षा तो आप लेते नहीं हो फिर?

बूढ़ा : सुना है, नगर में समाज कल्याण विभाग का मंत्री आया हुआ है।

चौथा बालक : हाँ-हाँ बाबा, आए हुए हैं, डाक-बँगले में ठहरे हैं, पर आप उनसे क्या मदद लोगे?

बूढ़ा : मदद-वदद की बात नहीं है बालक! वह मेरा बेटा है।

पहला बालक : (*आश्चर्य से*) आपका बेटा! क्यों झूठ बोलते हो बाबा? मंत्री आपका बेटा होता तो आप इस तरह सड़कों पर मारे-मारे क्यों फिरते?

बूढ़ा : सच कहता हूँ बच्चो! वह मंत्री मेरा बेटा है।

कई बच्चे : (*एक साथ*) फिर दूर की हाँक रहा है बाबा! कहाँ मंत्री, कहाँ ये फटेहाल बूढ़ा!

(*सब ठहाका मारकर हँसते हैं।*)

बूढ़ा : हँसी की बात नहीं है बच्चो! मंत्री सचमुच मेरा बेटा है।

अन्य बालक : लगता है, बाबा बिलकुल सठिया गया है।

बूढ़ा : सारी बात अकल की होती है बच्चो! लगता है, जैसे तुम मेरी पहेली नहीं समझ पा रहे थे, यह बात भी नहीं समझ रहे हो।

पहला बालक : अच्छा बताओ, मंत्री तुम्हारा बेटा कैसे हुआ?

बूढ़ा : देखो बेटे, जैसे तुम्हारे पिता तुम्हारा पालन-पोषण कर तुम्हें बड़ा करते हैं, वैसे ही हम जनता के लोग चुनाव जिताकर फ़कीर को वज़ीर बना देते हैं। बना देते हैं कि नहीं? तब वह हमारा बेटा हुआ या नहीं हुआ?

दूसरा बालक : (*ताली बजाते हुए*) हुआ, बिलकुल हुआ पर वह माने तब न!

बूढ़ा : नहीं मानेगा तो मुँह की खाएगा।

तीसरा बालक : पर आप मंत्री से क्या माँगने जा रहे हो, बाबा?

चौथा बालक : वह आपका भव्य-भवन, बत्तीस नौकर और पाँच सेविकाएँ तो वापस दिला नहीं सकता!

बूढ़ा : मैं वह सब माँगने नहीं जा रहा हूँ, बच्चो! मैं तो उसके पास एक प्रस्ताव लेकर जा रहा हूँ।

अन्य बालक : कैसा प्रस्ताव बाबा?

बूढ़ा : मैं उससे कहूँगा कि वह अपने विभाग में एक ऐसा फंड स्थापित करे जिसका नाम हो—रिश्वत फंड।

पहला बालक : रिश्वत फंड? आपका दिमाग तो नहीं चल गया है, बाबा!

बूढ़ा : दिमाग नहीं चल गया है, बेटे! मैं सच कहता हूँ, एकदम सच।

दूसरा बालक : आप मखौल तो नहीं कर रहे हो?

बूढ़ा : नहीं-नहीं, बिलकुल नहीं।
(*समझाते हुए*) सालभर पहले मैंने वृद्धावस्था पेंशन के लिए प्रार्थना-पत्र दिया था बेटे!

पहला बालक : फिर क्या हुआ?

बूढ़ा : पेंशन के लिए एक सौ पच्चीस रुपये माँगते-माँगते मेरी लाठी भी घिस गई और जूतियाँ भी।

दूसरा बालक : और कपड़े भी फट गए? क्यों बाबा, ठीक कहा न!

बूढ़ा : हाँ बेटे! पर पेंशन मंजूर नहीं हुई।

तीसरा बालक : क्यों, पेंशन मंजूर क्यों नहीं हुई?

बूढ़ा : समाज कल्याण कार्यालय के बाबू से लेकर अधिकारी तक सभी पैसे माँगते हैं और पैसे भी थोड़े-बहुत नहीं, पूरे पाँच सौ रुपये।

चौथा बालक : और पाँच सौ रुपये होते तो बाबा पेंशन के लिए भागता ही क्यों?

पहला बालक : पर आजकल तो पैसा, पैसे को खींचता है।

दूसरा बालक : हाँ-हाँ, जितना गुड़ डालोगे, हलवा उतना ही मीठा होगा। जब तुम गुड़ ही नहीं दे रहे हो तो हलवा कैसे मिलेगा बाबा?

| | | |
|---|---|---|
| बूढ़ा | : | इसीलिए तो कहता हूँ, मंत्री को अपने विभाग में एक रिश्वत फंड भी खोलना चाहिए। |
| तीसरा बालक | : | ताकि जो वृद्धावस्था पेंशन लेने के लिए मजबूर हों वे विभाग के रिश्वत फंड से पैसे लेकर रिश्वतखोरों को दे सकें।<br>*(सब बच्चे हँसते हैं।)* |
| बूढ़ा | : | अच्छा बच्चो, मैं चलता हूँ अपने प्रस्ताव सहित। |
| सब बच्चे | : | हम भी चलते हैं, हम भी चलते हैं। चलो, चलो।<br>*(डाक-बँगले के सामने बड़ी संख्या में लोग खड़े हैं, लंबे कुर्ते पहने और टोपियाँ लगाए। बूढ़ा और बच्चे भी एक तरफ़ खड़े हो जाते हैं, तभी भीतर से मंत्री जी निकलते हैं और बाहर खड़े लोगों का अभिवादन स्वीकार कर कार में बैठकर चले जाते हैं।)* |
| पहला बालक | : | मंत्री जी तो चले गए बाबा, जैसे- गधे के सिर से सींग! |
| दूसरा बालक | : | नहीं रे, गधे के सिर से सींग की तरह नहीं, जैसे- बत्तीस नौकर और पाँच सेविकाएँ!<br>*(बूढ़ा लाठी टेकता हुआ वापस चल देता है।)* |

**–डॉ॰ गिरिजाशरण अग्रवाल**

## शब्दार्थ

| | | | | | |
|---|---|---|---|---|---|
| रईस | – | धनी, अमीर | संपन्न | – | उन्नतिशील, धनी, भाग्यवान |
| जर्जर | – | जीर्ण, टूटा-फूटा | पगार | – | वेतन |
| दुर्बल | – | कमज़ोर | खंडित | – | टुकड़े-टुकड़े |
| दरिद्र | – | गरीब | | | |

इन्हें ऐसे भी लिख सकते हैं–

लत्ता – लत्ता    अलबत्ता – अलबत्ता    बत्तीस – बत्तीस

बुद्धिमान – बुद्धिमान    विद्वान – विद्वान।

## संकलनात्मक एवं रचनात्मक मूल्यांकन

### मौखिक

1. पढ़िए और बोलिए–

कंकाल    शक्तिशाली    बुद्धिमान    दरिद्रता    प्रशंसा

2. सोचकर बताइए–

(क) बूढ़ा कहाँ जा रहा था?

(ख) बूढ़े को देखकर बच्चों ने क्या किया?

(ग) बूढ़े के नौकर कौन थे? वे उसे छोड़कर क्यों चले गए थे?

### लिखित

1. नीचे दिए प्रश्नों के उत्तर शब्दों में दीजिए–

(क) बूढ़े ने शानदार भवन किसे कहा है? ..............................

(ख) सेविकाएँ बूढ़े का साथ क्यों नहीं दे पा रही थीं? ..............................

(ग) बूढ़े ने अपना बेटा किसे बताया? ..............................

(घ) बूढ़े ने प्रार्थना-पत्र किसे और क्यों दिया था? ..............................

(ङ) बूढ़ा मंत्री से क्यों नहीं मिल पाया? ..............................

2. नीचे दिए प्रश्नों के लघु उत्तर दीजिए–

(क) बूढ़े ने अपनी संपन्नता का वर्णन किस प्रकार किया?

..............................................................................................................

..............................................................................................................

(ख) बूढ़े की दयनीय स्थिति के क्या कारण थे?

..............................................................................................................

..............................................................................................................

(ग) बूढ़े ने स्वयं को 'समय का मारा' क्यों कहा?

..............................................................................................................

..............................................................................................................

(घ) बूढ़े ने मंत्री को अपना बेटा क्यों कहा?

..............................................................................................................

..............................................................................................................

(ङ) बूढ़ा मंत्री से मिलने क्यों जा रहा था?

..............................................................................................................

..............................................................................................................

3. नीचे दिए प्रश्नों के दीर्घ उत्तर दीजिए–

(क) व्यक्ति कब तक दरिद्र नहीं होता? पाठ के आधार पर वर्णन कीजिए।

..............................................................................................................

..............................................................................................................

..............................................................................................................

..............................................................................................................

..............................................................................................................

(ख) बूढ़े ने रिश्वत फंड बनाने की बात क्यों सोची? इस फंड के द्वारा वह किन लोगों की सहायता करना चाहता था?

..............................................................................................................

..............................................................................................................

..............................................................................................................

..............................................................................................................

(ग) पाठ के अनुसार समाज में फैली कौन-सी कुरीति समाज को खोखला कर रही है? इस समस्या का निवारण किस प्रकार किया जा सकता है?

.................................................................................................................

.................................................................................................................

.................................................................................................................

.................................................................................................................

.................................................................................................................

4. नीचे दिए प्रश्नों के उपयुक्त उत्तर पर (✓) का चिह्न लगाइए–

(क) बूढ़े का शानदार भवन कौन-सा था?

(*i*) राजभवन ☐ (*ii*) उसका शरीर ☐

(*iii*) लाल पत्थरों से बना महल ☐ (*iv*) श्वेत पत्थरों से निर्मित सुंदर भवन ☐

(ख) बूढ़ा किसका मारा था?

(*i*) समय का ☐ (*ii*) कर्ज़ का ☐

(*iii*) गरीबी का ☐ (*iv*) बीमारी का ☐

(ग) बच्चों ने बूढ़े को क्या समझा?

(*i*) अपाहिज ☐ (*ii*) रिश्वतखोर ☐

(*iii*) भिखारी ☐ (*iv*) चोर ☐

(घ) सेविकाएँ कमजोर क्यों हो गई थीं?

(*i*) अधिक कार्य करने के कारण ☐ (*ii*) जवानी के कारण ☐

(*iii*) बुढ़ापे के कारण ☐ (*iv*) बीमारी के कारण ☐

(ङ) बूढ़ा किसके लिए मारा-मारा फिर रहा था?

(*i*) वृद्धावस्था पेंशन के लिए ☐ (*ii*) अपने बेटे के लिए ☐

(*iii*) समाज कल्याण के लिए ☐ (*iv*) रिश्वत देने के लिए ☐

(च) नगर में कौन-सा मंत्री आया हुआ था?

(*i*) नागरिक कल्याण मंत्री ☐ (*ii*) समाज कल्याण मंत्री ☐

(*iii*) कपड़ा उद्योग मंत्री ☐ (*iv*) डाक-तार विभाग मंत्री ☐

(छ) एक सौ पच्चीस रुपये की पेंशन की मंज़ूरी के लिए कितनी रिश्वत माँगी गई थी?

(*i*) सौ रुपये ☐ (*ii*) पाँच सौ रुपये ☐

(*iii*) पचास रुपये ☐ (*iv*) ढाई सौ रुपये ☐

## भाषा ज्ञान

ऐसे वाक्यांश जो अपने सामान्य अर्थ का बोध न कराकर किसी विशेष अर्थ का बोध कराएँ, मुहावरे कहलाते हैं। लोक में प्रचलित उक्ति को लोकोक्ति कहते हैं।

मुहावरे अपने रूढ़ अर्थ के लिए प्रसिद्ध होते हैं जबकि लोकोक्ति लोक में प्रसिद्ध उक्ति होती है। लोकोक्तियाँ पूर्ण वाक्य होती हैं जबकि मुहावरे वाक्य के अंश होते हैं। लोकोक्तियों का स्वतंत्र प्रयोग होता है। इनमें किसी प्रकार का कोई परिवर्तन नहीं होता जबकि मुहावरे वाक्य के अनुसार परिवर्तित हो जाते हैं।

1. **नीचे दिए वाक्यों को पढ़िए और बताइए कि मुहावरा है या लोकोक्ति। इनके अर्थ लिखकर वाक्यों में प्रयोग भी कीजिए।**

(क) चाँदी की चम्मच मुँह में लेकर पैदा होना– मुहावरा/लोकोक्ति।

अर्थ – ..........................................

वाक्य-प्रयोग – ..........................................

(ख) कहाँ राजा भोज और कहाँ गँगू तेली।

अर्थ – ..........................................

वाक्य-प्रयोग – ..........................................

(ग) शेखी बघारना।

अर्थ – ..........................................

वाक्य-प्रयोग – ..........................................

(घ) सठिया जाना।

अर्थ – ..........................................

वाक्य-प्रयोग – ..........................................

(ङ) बदन पे नहीं लत्ता, शान दिखावे अलबत्ता।

अर्थ – ..........................................

वाक्य-प्रयोग – ..........................................

(च) हाथी मरकर भी सवा लाख का होता है।

अर्थ – ..........................................

वाक्य-प्रयोग – ..........................................

(छ) जितना गुड़ डालोगे उतना ही मीठा होगा।

अर्थ – ..........................................

वाक्य-प्रयोग – ..........................................

(ज) मुँह की खाना।

अर्थ – ..........

वाक्य-प्रयोग – ..........

(झ) गधे के सिर से सींग की तरह गायब होना।

अर्थ – ..........

वाक्य-प्रयोग – ..........

**2. नीचे दिए शब्दों के विलोम शब्द लिखिए–**

खरा – .......... खुशहाल – ..........

राजा – .......... दुर्बल – ..........

शक्तिशाली – .......... बुद्धिमान – ..........

**3. नीचे दिए शब्दों से प्रत्यय अलग करके लिखिए–**

खुशहाल – .......... + ..........

शानदार – .......... + ..........

शक्तिशाली – .......... + ..........

बुद्धिमान – .......... + ..........

दरिद्रता – .......... + ..........

रिश्वतखोर – .......... + ..........

## एकांकी से आगे

- यदि बूढ़े की भेंट मंत्री से हो जाती और वह अपनी समस्या मंत्री को बता देता तो नाटक आगे कैसे बढ़ता? कल्पना कीजिए और बताइए।
- यदि पढ़-लिखकर आप उच्च पदाधिकारी बन जाएँ तो सबसे पहले समाज में फैली कौन-सी तीन कुरीतियों को समाप्त करना चाहेंगे?

## नन्हे हाथों से

- **समाज में फैले भ्रष्टाचार को दूर करने के सुझाव देते हुए जिलाधिकारी को पत्र लिखिए।**

- चित्र देखकर एक अनुच्छेद लिखिए।

## कुछ करने को

- समाज में फैली कुरीतियों के बारे में जानकारी एकत्र कीजिए। इनके कारण एवं निवारण संबंधी प्रोजेक्ट तैयार कीजिए।
- वृद्धों की दयनीय स्थिति के लिए कौन ज़िम्मेदार है? वृद्धों की सहायता किस प्रकार की जा सकती है तथा सरकार निःसहाय वृद्धों के लिए क्या-क्या सुविधाएँ प्रदान करती है? जानकारी एकत्र कीजिए।

## आप क्या करेंगे?

- यदि आप किसी वृद्ध को असहाय स्थिति में देखें तो आप क्या करेंगे?
- यदि आपके पड़ोस में किसी महिला को दहेज के लिए प्रताड़ित किया जा रहा हो तो आप क्या करेंगे?

# 13 सोना

मेरे परिचित की पौत्री सुस्मिता ने लिखा है, "गत वर्ष अपने पड़ोसी से मुझे एक हिरन मिला था। बीते कुछ महीनों में हम उससे बहुत स्नेह करने लगे हैं, परंतु अब मैं अनुभव करती हूँ कि सघन जंगल से संबंध रखने तथा बड़े हो जाने के कारण उसे घूमने के लिए अधिक विस्तृत स्थान चाहिए। क्या आप कृपा करके उसे स्वीकार करेंगी? मैं आपकी बहुत आभारी रहूँगी क्योंकि आप जानती हैं कि मैं उसे ऐसे व्यक्ति को नहीं देना चाहती जो उससे बुरा व्यवहार करे। मेरा विश्वास है कि आपके यहाँ उसकी भली-भाँति देखभाल हो सकेगी।"

आज अचानक सोना की स्मृति हो आने का कारण यही है। कई वर्ष पूर्व मैंने निश्चय किया था कि अब हिरन नहीं पालूँगी, परंतु आज उस नियम को भंग किए बिना इस कोमल प्राण जीव की रक्षा संभव नहीं है।

सोना भी इसी प्रकार अचानक आई थी परंतु वह अपनी शैशवावस्था भी पार नहीं कर सकी थी। सुनहरे रंग के रेशमी लच्छों की गाँठ के समान उसका शरीर कोमल और लघु था। छोटा-सा मुँह और बड़ी-बड़ी पानीदार आँखें। देखती थी तो लगता था कि अभी छलक पड़ेंगी। लंबे कान, पतली सुडौल टाँगें, जिन्हें देखते ही उनमें प्रसुप्त गति की बिजली की लहर देखने वालों की आँखों में कौंध जाती थी। सब उसके सरल शिशु रूप से इतने प्रभावित हुए कि किसी चंपकवर्णा रूपसी के लिए प्रयुक्त सोना, सुवर्णा, स्वर्णलेखा आदि नाम उसका परिचय बन गए।

मनुष्य मृत्यु को असुंदर ही नहीं अपवित्र भी मानता है। उसके प्रियतम

**शिक्षण संकेत**

- बच्चों को बताएँ कि यह संस्मरण प्रसिद्ध हिंदी लेखिका महादेवी वर्मा द्वारा लिखा गया है।
- पाठ का वाचन रोचक ढंग से करवाते हुए बच्चों में पशुओं के प्रति दया का भाव जाग्रत करें। पर्यावरण संतुलन में पशु-पक्षियों की महत्ता समझाते हुए उनके संरक्षण के उपाय भी बताएँ।

आत्मीय जन का शव भी उसके निकट अपवित्र, अस्पृश्य तथा भयजनक हो उठता है। जब मृत्यु इतनी अपवित्र और असुंदर है तो उसे बाँटते हुए घूमना क्यों अपवित्र और असुंदर कार्य नहीं है, यह मैं समझ नहीं पाती। आकाश में रंग-बिरंगे फूलों की छटाओं के समान उड़ते हुए और वीणा, वंशी, मुरज, जलतरंग आदि का वृंदवादन करते हुए पक्षी कितने सुंदर जान पड़ते हैं! मनुष्य ने बंदूक उठाई, निशाना साधा और गोली चला दी जिससे कई गाते-उड़ते पक्षी ढेले के समान धरती पर आ गिरे। किसी की लाल-पीली चोंच वाली गरदन टूट गई, किसी के पीले सुंदर पंजे टेढ़े हो गए और किसी के इंद्रधनुषी पंख बिखर गए। उन क्षत-विक्षत रक्तस्नात मृत-अर्धमृत लघु गातों में न अब संगीत है, न सौंदर्य, परंतु फिर भी मारने वाला अपनी सफलता पर नाच उठता है।

पक्षी जगत में ही नहीं, पशु जगत में भी मनुष्य की ध्वंसलीला ऐसी ही निष्ठुर है। पशु जगत में हिरन जैसा निरीह और सुंदर पशु दूसरा नहीं है। उसकी आँखें तो मानो करुणा की चित्रलिपि हैं परंतु इसका गतिमय सजीव सौंदर्य भी मनुष्य का मनोरंजन करने में असमर्थ है। मानव को जो जीवन का श्रेष्ठतम रूप है, जीवन के अन्य रूपों के प्रति इतनी वितृष्णा, विरक्ति और मृत्यु के प्रति इतना मोह और इतना आकर्षण क्यों है?

सोना भी मनुष्य की इसी निष्ठुर मनोरंजनप्रियता के कारण अपने अरण्य परिवेश और स्वजाति से दूर मानव-समाज में आ गई थी। प्रशांत वनस्थली में जब मृग-समूह शिकारियों की आहट से चौंककर भागा, तब सोना की माँ ने अपनी संतान को अपने शरीर की ओट में सुरक्षित रखने के प्रयास में प्राण गँवा दिए। पता नहीं दया के कारण या कौतुकप्रियता के कारण शिकारी मृत हिरनी के साथ चिपके हुए शावक को जीवित उठा लाए। उनमें से किसी के परिवार की गृहिणी और बच्चों ने उसे पानी मिला दूध पिला-पिलाकर दो-चार दिन जीवित रखा।

सुस्मिता वसु के समान ही किसी बालिका को मेरा स्मरण हो आया और वह उस अनाथ शावक को मुमूर्षु अवस्था में मेरे पास ले आई। शावक अवांछित तो था ही, उसके बचने की आशा भी धूमिल थी परंतु मैंने उसे स्वीकार कर लिया। स्निग्ध सुनहले रंग के कारण सब उसे सोना कहने लगे। दूध पिलाने की शीशी, ग्लूकोज़, बकरी का दूध आदि सब-कुछ एकत्र करके, उसे पालने का कठिन अनुष्ठान आरंभ हुआ।

उसका मुख इतना छोटा था कि उसमें शीशी का निप्पल समाता ही नहीं था, उस पर उसे पीना भी नहीं आता था। फिर धीरे-धीरे उसे पीना ही नहीं, दूध की बोतल पहचानना भी आ गया। आँगन में कूदते-फाँदते हुए भी भक्तिन को बोतल साफ़ करते देखकर वह दौड़ आती और अपनी तरल-चकित आँखों से उसे ऐसे देखने लगती मानो वह कोई सजीव मित्र हो!

उसने रात में मेरे पलंग के पाये से सटकर बैठना सीख लिया था परंतु वहाँ गंदा न करने की आदत कुछ दिनों के अभ्यास से ही पड़ सकी। अँधेरा होते ही वह मेरे पलंग के पास आ बैठती और फिर सवेरा होने पर ही बाहर निकलती। उसका दिनभर का कार्यकलाप भी एक प्रकार से निश्चित था। विद्यालय और छात्रावास के विद्यार्थियों के लिए पहले तो वह कौतुक का कारण बनी रही परंतु कुछ दिन बीत जाने पर वह उनकी ऐसी प्रिय साथिन बन गई। जिसके बिना उनका किसी काम में मन नहीं लगता था। दूध पीकर और भीगे चने खाकर सोना कुछ देर तक कंपाउंड में चारों पैरों को संतुलित कर चौकड़ी भरती, फिर वह छात्रावास पहुँचती और प्रत्येक कमरे का भीतर-बाहर से निरीक्षण करती।

उसके मेस में पहुँचते ही छात्राएँ ही नहीं, नौकर-चाकर भी दौड़े आते और सभी उसे कुछ-न-कुछ खिलाने को उतावले रहते परंतु बिस्कुट को छोड़कर अन्य खाद्य-पदार्थ उसे कम पसंद थे। छात्रावास का जागरण और जलपान अध्याय समाप्त होने पर वह कभी घास के मैदान में दूब चरती और कभी उस पर लोटती रहती। मेरे भोजन के समय को वह किस प्रकार जान लेती थी, यह समझाने का कोई उपाय नहीं है परंतु वह ठीक उसी समय भीतर आ जाती और तब तक मुझसे सटी हुई खड़ी रहती जब तक मेरा खाना समाप्त न हो जाता। कुछ चावल, रोटी आदि उसको भी प्राप्य था परंतु उसे सब्जी कच्ची ही भाती थी।

घंटी बजते ही वह फिर से प्रार्थना के मैदान में पहुँच जाती और उसके समाप्त होने पर छात्रावास के समान ही कक्षाओं के भीतर-बाहर चक्कर लगाना आरंभ कर देती।

उसे छोटे बच्चे अधिक प्रिय थे क्योंकि उनके साथ खेलने का उसे अधिक अवसर मिलता था। वे पंक्तिबद्ध खड़े होकर सोना-सोना पुकारते और वह उनके ऊपर से छलाँग लगाकर एक ओर से दूसरी ओर कूदती रहती। सरकस जैसा वह खेल कभी-कभी घंटों तक चलता क्योंकि खेल के घंटों में बच्चों की एक कक्षा के उपरांत दूसरी कक्षा आती रहती थी।

मेरे प्रति स्नेह-प्रदर्शन के कई प्रकार थे। बाहर खड़े होने पर वह सामने या पीछे से छलाँग लगाती और मेरे सिर के ऊपर से दूसरी ओर निकल जाती। प्रायः देखने वालों को भय होता था कि उसके पैरों से मेरे सिर पर चोट न लग जाए परंतु वह पैरों को इस प्रकार सिकोड़े रहती और मेरे सिर को इतनी ऊँचाई से लाँघती थी कि चोट लगने की कोई संभावना ही नहीं रहती थी।

भीतर आने पर वह मेरे पैरों से अपना शरीर रगड़ने लगती। मेरे बैठे रहने पर वह साड़ी का छोर मुँह में भर लेती और कभी चुपचाप पीछे खड़े होकर चोटी ही चबा डालती। डाँटने पर वह अपनी बड़ी, गोल और चकित आँखों में अनिर्वचनीय जिज्ञासा भरकर एकटक ऐसे देखने लगती कि हँसी आ जाती। पशु मनुष्य के निश्छल स्नेह से परिचित होते हैं, उसकी ऊँची-नीची सामाजिक स्थितियों से नहीं। यह सत्य मुझे सोना से अनायास ही प्राप्त हो गया।

अनेक विद्यार्थियों की भारी-भरकम गुरु जी से सोना को क्या लेना-देना था? वह तो उस दृष्टि को पहचानती थी जिसमें उसके लिए स्नेह झलकता था। वह उन हाथों को जानती थी जिन्होंने यत्नपूर्वक दूध की बोतल उसके मुख से लगाई थी।

यदि सोना को अपने स्नेह की अभिव्यक्ति के लिए मेरे सिर के ऊपर से कूदना आवश्यक लगेगा तो वह कूदेगी ही। मेरी अन्य किसी परिस्थिति से प्रभावित होना, उसके लिए संभव ही नहीं था।

कुत्ता, स्वामी और सेवक का अंतर जानता है और स्वामी के स्नेह या क्रोध की प्रत्येक मुद्रा से परिचित होता है। स्नेह से बुलाने पर वह गद्गद् होकर निकट आ जाता है और क्रोध करते ही सभीत और दयनीय बनकर दुबक जाता है। हिरन यह अंतर नहीं जानता! अतः उसका पालने वाले से डरना कठिन है। यदि उस पर क्रोध किया जाए तो वह अपनी चकित आँखों में और अधिक विस्मय भरकर पालने वाले की दृष्टि-से-दृष्टि मिलाकर खड़ा रहेगा, मानो पूछता हो– क्या यह उचित है? वह केवल स्नेह पहचानता है जिसकी स्वीकृति जताने के लिए उसकी विशेष चेष्टाएँ हैं।

वर्षभर का समय बीत जाने पर सोना, हरिण-शावक से हरिणी में परिवर्तित होने लगी। उसके शरीर के पीताभ रोएँ ताम्रवर्णी झलक देने लगे। टाँगें अधिक सुडौल और खुरों के कालेपन में चमक आ गई। ग्रीवा अधिक बंकिम और लचीली हो गई। पीठ में भराव वाला उतार-चढ़ाव और स्निग्धता दिखाई देने लगी परंतु सबसे अधिक विशेषता तो उसकी आँखों और दृष्टि में मिलती थी। आँखों के चारों ओर खिंची कज्जलकोर में नीले गोलक और दृष्टि ऐसी लगती थी मानो नीलम के बल्बों में उजली विद्युत का स्फुरण हो!

इसी बीच फ्लोरा– मेरी प्रिय कुतिया ने भक्तिन की अँधेरी कोठरी के एकांत कोने में चार बच्चों को जन्म दिया और वह खेल के संगियों को भूलकर अपनी नवीन सृष्टि के संरक्षण में व्यस्त हो गई। एक-दो दिन सोना अपनी सखी को खोजती रही, फिर उसे इतने लघु जीवों से घिरा देखकर उसकी स्वाभाविक चकित दृष्टि गंभीर विस्मय से भर गई। एक दिन मैंने देखा फ्लोरा कहीं बाहर घूमने गई है और सोना भक्तिन की कोठरी में निश्चिंत लेटी है। आश्चर्य की बात यह थी कि फ्लोरा हेमंत, वसंत या गोधूलि को तो अपने बच्चों के पास फटकने भी नहीं देती थी परंतु सोना के संरक्षण में उन्हें छोड़कर आश्वस्त-भाव से इधर-उधर घूमने चली जाती थी।

संभवतः वह सोना की स्नेही और अहिंसक प्रकृति से परिचित हो गई थी। पिल्लों के बड़े होने पर और उनकी आँखें खुल जाने पर सोना ने उन्हें भी अपने पीछे घूमने वाली सेना में सम्मिलित कर लिया और मानो इस वृद्धि के उपलक्ष्य में आनंदोत्सव मनाने के लिए अधिक देर तक मेरे सिर के आर-पार चौकड़ी भरती रही पर कुछ दिनों के उपरांत जब यह आनंदोत्सव पुराना पड़ गया, तब उसकी शब्दहीन, संज्ञाहीन प्रतीक्षा की स्तब्ध घड़ियाँ लौट आईं।

उसी वर्ष गरमियों में मेरा बद्रीनाथ की यात्रा का कार्यक्रम बना। प्रायः मैं अपने पालतू जीवों के कारण प्रवास में कम रहती हूँ। उनकी देख-रेख के लिए सेवक रहने पर भी मैं उन्हें छोड़कर आश्वस्त नहीं हो पाती। भक्तिन, अनुरूप आदि तो साथ जाने वाले थे ही, पालतू जीवों में से मैंने फ्लोरा को साथ ले जाने का निश्चय किया क्योंकि वह मेरे बिना रह नहीं सकती थी।

छात्रावास बंद था अतः सोना के नित्य-नैमित्तिक कार्यकलाप भी बंद हो चुके थे। मेरी उपस्थिति का भी अभाव था। अतः आनंदोल्लास के लिए भी कम अवसर था। हेमंत और वसंत मेरी यात्रा और तज्जनित अनुपस्थिति से परिचित हो चुके थे। होल्डाल बिछाकर बिस्तर पर रखते ही वे दौड़कर उस पर लेट जाते और भौंकने तथा क्रंदन की ध्वनियों के सम्मिलित स्वर में मुझे मानो उपालंभ देने लगते। यदि उन्हें बाँधकर न रखा जाता तो वे कार में घुसकर बैठ जाते या

उसके पीछे-पीछे दौड़कर स्टेशन तक जा पहुँचते परंतु जब मैं चली जाती तब वे उदास भाव से मेरे लौटने की प्रतीक्षा करने लगते।

सोना की सहज चेतना में न तो मेरी यात्रा जैसी स्थिति का बोध था और न ही प्रत्यावर्तन का। इसी से उसकी निराशा, जिज्ञासा और विस्मय का अनुमान मेरे लिए सहज था।

पैदल जाने-आने के निश्चय के कारण बद्रीनाथ की यात्रा में ग्रीष्मावकाश समाप्त हो गया। 2 जुलाई को लौटकर जब मैं बँगले के द्वार पर आ खड़ी हुई, तब बिछुड़े हुए पालतू जीवों में कोलाहल होने लगा।

गोधूली कूदकर मेरे कंधे पर आ बैठी, हेमंत-वसंत मेरे चारों ओर परिक्रमा करके हर्ष की ध्वनियों से मेरा स्वागत करने लगे पर मेरी दृष्टि सोना को खोजने लगी। क्यों वह अपना उल्लास व्यक्त करने के लिए मेरे सिर के ऊपर से छलाँग नहीं लगा रही? सोना कहाँ है? पूछने पर माली आँखें पोंछने लगा और चपरासी, चौकीदार एक-दूसरे का मुख देखने लगे। वे लोग आने के साथ ही मुझे कोई दुखद समाचार नहीं देना चाहते थे परंतु माली की भावुकता ने बिना बोले ही दे डाला।

ज्ञात हुआ कि छात्रावास के सन्नाटे और फ्लोरा के तथा मेरे अभाव के कारण सोना इतनी अस्थिर हो गई थी कि इधर-उधर कुछ खोजती-सी वह प्रायः कंपाउंड से बाहर निकल जाती थी। इतनी बड़ी हिरनी को पालने वाले तो कम थे परंतु खाद्य और स्वाद प्राप्त करने के इच्छुक व्यक्तियों का बाहुल्य था। इसी आशंका से माली ने उसे मैदान में एक लंबी रस्सी से बाँधना आरंभ कर दिया था।

एक दिन न जाने किस स्तब्धता की स्थिति में बंधन-सीमा भूलकर वह बहुत ऊँचाई तक उछली और रस्सी के कारण मुख के बल धरती पर आ गिरी। वही उसकी अंतिम साँस और अंतिम उछाल थी।

उस सुनहले रेशम की गठरी-से शरीर को सेवक गंगा में प्रवाहित कर आए और इस प्रकार किसी निर्जन वन में जन्मी और जन-संकुलता में पली सोना की करुण कथा का अंत हुआ।

सब सुनकर मैंने निश्चय किया था कि अब हिरन नहीं पालूँगी पर संयोग से फिर हिरन पालना पड़ रहा है।

**–महादेवी वर्मा**

## शब्दार्थ

| | | | |
|---|---|---|---|
| प्रसुप्त | – गहरी नींद में सोई हुई | रूपसी | – सुंदरी |
| वृंदवादन | – वाद्य यंत्रों को सामूहिक रूप से बजाना | ढेले | – पत्थर |
| क्षत-विक्षत | – अत्यधिक घायल और लहूलुहान | रक्तस्नात | – खून से भीगा हुआ |
| अर्धमृत | – आधे मरे हुए | गात | – शरीर, देह |
| ध्वंसलीला | – नष्ट करने की प्रक्रिया | वितृष्णा | – तृष्णा का अभाव |
| विरक्ति | – उदासीनता, खिन्नता | अरण्य | – जंगल, वन |
| शावक | – शिशु | अनाथ | – असहाय, जिसका कोई मालिक न हो |
| अवांछित | – जिसकी इच्छा न की गई हो | स्निग्ध | – चिकना |
| अनुष्ठान | – विशिष्ट क्रिया, पूजा-पाठ | अनिर्वचनीय | – अकथनीय, जिसे कहा न जा सके |
| जिज्ञासा | – जानने की इच्छा, ज्ञान की चाह | अनायास | – बिना प्रयास के, सरलता से |
| बंकिम | – टेढ़ा, तिरछा | स्फुरण | – हरकत |
| आश्वस्त | – जिसे आश्वासन दिया गया हो | उपलक्ष्य | – संकेत, अनुमान, उद्देश्य |
| उपालंभ | – शिकायत, उलाहना | प्रत्यावर्तन | – पलट के आना, लौटना |
| बाहुल्य | – अधिकता | जन-संकुलता | – लोगों की भीड़ |

## संकलनात्मक एवं रचनात्मक मूल्यांकन

### मौखिक

1. **पढ़िए और बोलिए–**

शैशवावस्था रक्तस्नात कौतुकप्रियता अनिर्वचनीय

2. **सोचकर बताइए–**

(क) सुस्मिता किसी अन्य व्यक्ति को हिरन क्यों नहीं देना चाहती थी?

(ख) शिकारी मृत हिरनी के शावक को जीवित ही क्यों उठा लाए थे?

(ग) सोना को छोटे बच्चे अधिक प्रिय क्यों थे?

## लिखित

1. **नीचे दिए प्रश्नों के लघु उत्तर दीजिए–**

(क) मनुष्य की ध्वंसलीला का क्या परिणाम होता है?

..............................................................................................................................

..............................................................................................................................

(ख) सोना का दिनभर का कार्यकलाप क्या था?

..............................................................................................................................

..............................................................................................................................

(ग) सोना लेखिका के प्रति अपना स्नेह किस प्रकार प्रदर्शित करती थी?

..............................................................................................................................

..............................................................................................................................

(घ) सोना का अंत कैसे हुआ?

..............................................................................................................................

..............................................................................................................................

2. **नीचे दिए प्रश्नों के दीर्घ उत्तर दीजिए–**

(क) 'पशु मनुष्य के निश्छल स्नेह से परिचित होते हैं, उनकी ऊँची-नीची सामाजिक स्थितियों से नहीं।' इस कथन को स्पष्ट करते हुए कुत्ते और हिरन की स्वभावगत विशेषताओं का वर्णन कीजिए।

..............................................................................................................................

..............................................................................................................................

..............................................................................................................................

..............................................................................................................................

(ख) लेखिका का प्रवास में कम रहने का क्या कारण था? यदि कभी लेखिका का किसी यात्रा का कार्यक्रम बनता तो उनके पालतू जीवों की क्या प्रतिक्रिया होती थी?

..............................................................................................................................

..............................................................................................................................

..............................................................................................................................

..............................................................................................................................

3. नीचे दिए प्रश्नों के उपयुक्त उत्तर पर (✓) का चिह्न लगाइए–

(क) लेखिका ने अपना नियम क्यों भंग किया?

(*i*) लेखिका नियम के बंधन से छुटकारा पाना चाहती थी।

(*ii*) नियम को भंग किए बिना कोमल प्राण जीव की रक्षा संभव नहीं थी।

(*iii*) लेखिका अपने विचारों पर दृढ़ नहीं थी।

(*iv*) लेखिका को नियम तोड़ने की आदत थी।

(ख) आत्मीय जन का शव मनुष्य को अपवित्र, अस्पृश्य और भयजनक क्यों लगता है?

(*i*) क्योंकि मनुष्य मृत्यु को असुंदर और अपवित्र मानता है।

(*ii*) क्योंकि शव भयानक रूप ले लेता है।

(*iii*) क्योंकि शव से दुर्गंध आने लगती है।

(*iv*) क्योंकि शव अशुभ फल देने लगता है।

(ग) 'सोना भी मनुष्य की इसी निष्ठुर मनोरंजनप्रियता के कारण अपने परिवेश और जाति से दूर मानव-समाज में आ गई थी।' पाठ के संदर्भ में इसका अर्थ है–

(*i*) शिकारी अपने मनोरंजन के लिए उसे पकड़कर ले आए थे।

(*ii*) शिकारी उसकी माँ का शिकार कर, उसे कौतूहलवश उठा लाए थे।

(*iii*) सोना जंगल से भागकर स्वयं मानव-समाज में आ गई थी।

(*iv*) सरकस कर्मचारी सोना को जंगल से पकड़कर ले आए थे।

(घ) लेखिका के डाँटने पर सोना क्या करती थी?

(*i*) लेखिका के सिर के आर-पार कूदने लगती थी।

(*ii*) लेखिका के पैरों से अपना शरीर रगड़ने लगती थी।

(*iii*) अपनी बड़ी, गोल और चकित आँखों में अनिर्वचनीय जिज्ञासा भरकर देखने लगती थी।

(*iv*) लेखिका से नाराज़ होकर एक जगह बैठ जाती थी।

(ङ) फ्लोरा अपने संगियों को भूलकर कहाँ व्यस्त हो गई थी?

(*i*) अपनी नवीन सृष्टि के संरक्षण में

(*ii*) भक्तिन की कोठरी के एकांतवास में

(*iii*) बिछुड़े हुए पालतू जीवों से मिलने में

(*iv*) लेखिका के साथ भ्रमण करने में

(च) 'उड़ते पक्षी ढेले के समान धरती पर आ गिरे।' वाक्य में क्रिया का भेद है–

(*i*) सकर्मक (*ii*) अकर्मक

(*iii*) प्रेरणार्थक (*iv*) नामधातु

(छ) 'उस सुनहले रेशम की गठरी-से शरीर को सेवक गंगा में प्रवाहित कर आए।' वाक्य में प्रविशेषण शब्द है–

(*i*) रेशम (*ii*) गठरी

(*iii*) सुनहले (*iv*) गंगा

(ज) 'वही उसकी अंतिम साँस और अंतिम उछाल थी।' वाक्य में 'अंतिम' पद किस रूप में प्रयुक्त हुआ है–

(*i*) विशेषण (*ii*) क्रियाविशेषण

(*iii*) प्रविशेषण (*iv*) संबंधबोधक

4. नीचे दिए गद्यांश को पढ़कर प्रश्नों के सही उत्तर पर (✔) लगाइए–

पशु मनुष्य के निश्छल स्नेह से परिचित होते हैं, उसकी ऊँची-नीची सामाजिक स्थितियों से नहीं। यह सत्य मुझे सोना से अनायास ही प्राप्त हो गया। अनेक विद्यार्थियों की भारी-भरकम गुरु जी से सोना को क्या लेना-देना था! वह तो उस दृष्टि को पहचानती थी जिसमें उसके लिए स्नेह झलकता था और उन हाथों को जानती थी जिन्होंने यत्नपूर्वक दूध की बोतल उसके मुख से लगाई थी। यदि सोना को अपने स्नेह की अभिव्यक्ति के लिए मेरे सिर के ऊपर से कूदना आवश्यक लगेगा तो वह कूदेगी ही। मेरी अन्य किसी परिस्थिति से प्रभावित होना, उसके लिए संभव ही नहीं था।

(क) लेखिका को कौन-सा सत्य सोना से अनायास ही प्राप्त हो गया था?

(*i*) पशु मनुष्यों से भयभीत नहीं होते।

(*ii*) पशु बहुत डरपोक प्रवृत्ति के होते हैं।

(*iii*) पशु मनुष्य के निश्छल स्नेह से परिचित होते हैं, उसकी ऊँची-नीची सामाजिक स्थितियों से नहीं।

(*iv*) पशु केवल स्नेह करने वालों से ही स्नेह करते हैं।

(ख) सोना लेखिका के विषय में क्या नहीं जानती थी?

(*i*) लेखिका ने ही यत्नपूर्वक दूध की बोतल उसके मुख से लगाई थी।

(*ii*) लेखिका के सिर के ऊपर से कूदने पर वह चोटिल हो सकती थी।

(*iii*) लेखिका एक सम्माननीय अध्यापिका थी।

(*iv*) उसके लिए लेखिका के मन में अथाह स्नेह था।

(ग) सोना अपनी स्नेह-अभिव्यक्ति किस प्रकार करती थी?

(*i*) लेखिका के सिर के ऊपर से कूदकर।

(*ii*) लेखिका की चोटी खींचकर।

(*iii*) लेखिका की वस्तुएँ इधर-उधर फैलाकर।

(*iv*) लेखिका की गोद में सिर रखकर।

(घ) 'वह तो उस दृष्टि को पहचानती थी जिसमें उसके लिए स्नेह झलकता था।' इस वाक्य में रेखांकित कारक का कौन-सा भेद है?

(*i*) संप्रदान कारक (*ii*) अपादान कारक

(*iii*) करण कारक (*iv*) कर्म कारक

(ङ) 'मेरे सिर के ऊपर से कूदना आवश्यक लगेगा तो वह कूदेगी ही।' वाक्य में क्रियाविशेषण शब्द है-

(*i*) वह (*ii*) तो

(*iii*) ही (*iv*) के ऊपर

## भाषा ज्ञान

दो वर्णों के मेल से शब्दों में जो विकार उत्पन्न होता है, उसे संधि कहते हैं।

1. **नीचे दिए शब्दों का संधि-विच्छेद कीजिए-**

(क) शैशवावस्था – शैशव + अवस्था

(ख) विद्यालय – ................ + ................

(ग) छात्रावास – ................ + ................

(घ) विद्यार्थी – ................ + ................

(ङ) आनंदोत्सव – ................ + ................

(च) ग्रीष्मावकाश – ................ + ................

(छ) प्रत्यावर्तन – ................ + ................

2. **पाठ में आए शब्द-युग्म ढूँढ़कर लिखिए-**

................ – ................ – ................ – ................ – ................

................ – ................ – ................ – ................ – ................

**3. नीचे दिए शब्दों से प्रत्यय अलग करके लिखिए–**

| | | | | |
|---|---|---|---|---|
| निश्चित | = .................. + .................. | | स्तब्धता | = .................. + .................. |
| सामाजिक | = .................. + .................. | | ताम्रवर्णी | = .................. + .................. |
| स्निग्धता | = .................. + .................. | | विशेषता | = .................. + .................. |
| स्वाभाविक | = .................. + .................. | | अहिंसक | = .................. + .................. |
| उपस्थिति | = .................. + .................. | | भावुकता | = .................. + .................. |
| प्रवाहित | = .................. + .................. | | नैमित्तिक | = .................. + .................. |

**4. नीचे दिए शब्दों से उपसर्ग अलग करके लिखिए–**

| | | | | |
|---|---|---|---|---|
| अपवित्र | .................. + .................. | | अस्पृश्य | .................. + .................. |
| विक्षत | .................. + .................. | | परिवेश | .................. + .................. |
| अवांछित | .................. + .................. | | अभिव्यक्ति | .................. + .................. |
| अनुपस्थिति | .................. + .................. | | अनुरूप | .................. + .................. |
| परिक्रमा | .................. + .................. | | सजीव | .................. + .................. |

## संस्मरण से आगे

- सरकार द्वारा पशु–पक्षियों की सुरक्षा किस प्रकार की जाती है?
- यदि पशुओं में भी मनुष्यों की तरह सोचने–समझने की शक्ति होती तो क्या होता? फिर पशुओं का व्यवहार मनुष्यों के प्रति कैसा होता? सोचकर बताइए।

## कुछ करने को

- महादेवी वर्मा द्वारा लिखी पुस्तक 'मेरा परिवार' पढ़िए और पशु–पक्षियों के रेखाचित्रों की जानकारी प्राप्त कीजिए।
- अपने पालतू पशु या पक्षी के रूप–सौंदर्य का वर्णन कीजिए।

## नन्हे हाथों से

- यदि पशु-पक्षी भी मनुष्यों की तरह बोल पाते तो क्या होता? फिर स्थिति क्या बनती? किसी शिकारी तथा हिरन के काल्पनिक वार्तालाप को लेखनीबद्ध कीजिए।

हिरन – ..........................................................

शिकारी – ..........................................................

हिरन – ..........................................................

शिकारी – ..........................................................

हिरन – ..........................................................

शिकारी – ..........................................................

हिरन – ..........................................................

शिकारी – ..........................................................

## आप क्या करेंगे?

- यदि आपके घर या विद्यालय के आस-पास बंदरों का आतंक छाया हो और आपके सामने किसी छोटे बच्चे को बंदर काट ले तो आप क्या करेंगे?
- यदि आपके क्षेत्र में आवारा कुत्तों को पकड़ने के लिए सरकारी गाड़ी आई हो और कोई कुत्ता उनसे बचने के लिए आपके घर में घुस जाए तो आप क्या करेंगे?
- आओ मुखौटा बनाएँ–

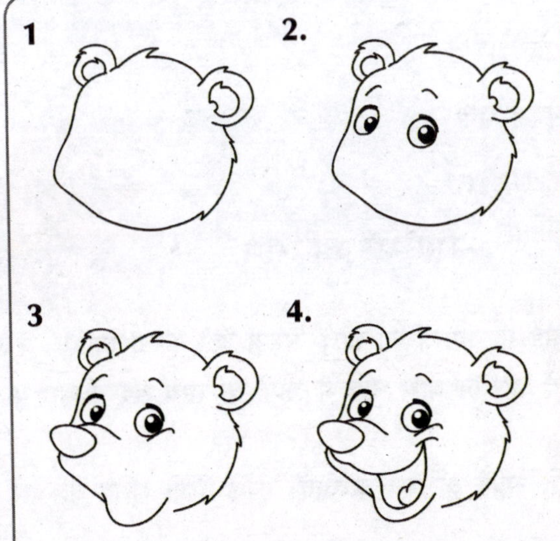

# 14 कुंडलियाँ

बिना बिचारै जो करै, सो पाछे पछताय।
काम बिगारै आपनो, जग में होत हँसाय।।
जग में होत हँसाय, चित्त में चैन न पावै।
खान-पान, सम्मान, राग-रंग मनहि न भावै।।
कह गिरिधर कविराय, दुख कछु टरत न टारै।
खटकत है जिय माँहि, कियो जो बिना बिचारै।।

दौलत पाय न कीजिए, सपनेहुँ अभिमान।
चंचल जल दिन चारि को, ठाऊँ न रहत निदान।।
ठाऊँ न रहत निदान, जियत जग में जस लीजै।
मीठे वचन सुनाय, विनय सबही की कीजै।।
कह गिरिधर कविराय, अरे यह सब घट तौलत।
पाहुन निसदिन चारि, रहत सबही के दौलत।।

साईं सब संसार में, मतलब को व्यवहार।
जब लगि पैसा गाँठ में, तब लग ताको यार।।
तब लग ताको यार, संग ही संग डोलै।
पैसा रहा न पास, यार मुख से नहिं बोलै।।
कह गिरिधर कविराय, जगत यहि लेखा भाई।
करत बेगरजी प्रीति, यार विरला कोई साईं।।

**–गिरिधर कविराय**

**शिक्षण संकेत**

- बच्चों को समझाएँ कि कोई भी काम बिना सोचे-समझे नहीं करना चाहिए। बच्चों को घमंड न करने की सीख दें और निस्वार्थ भाव से लोगों के साथ सद्व्यवहार करने को प्रेरित करें।
- बच्चों को कुंडलियाँ, दोहे आदि कंठस्थ करवाएँ। इनमें छिपी सीख के बारे में भी बच्चों को बताएँ।

## शब्दार्थ

| | | | | | | | | |
|---|---|---|---|---|---|---|---|---|
| बिचारै | – | सोच-विचारकर | बिगारै | – | बिगाड़े | जग | – | संसार |
| टारै | – | टाले | अभिमान | – | गर्व | ठाऊँ | – | ठिकाना |
| जस | – | यश | पाहुन | – | मेहमान | चारि | – | चार |
| ताको | – | तुम्हारा | संग | – | साथ | बेगरजी | – | निस्वार्थी |
| विरला | – | अनोखा | | | | | | |

## संकलनात्मक एवं रचनात्मक मूल्यांकन

### मौखिक

1. **पढ़िए और बोलिए–**

पछताए चित्त चैन गिरिधर व्यवहार

2. **सोचकर बताइए–**

(क) जग में हँसी उड़ने से मन पर क्या प्रभाव पड़ता है?

(ख) दौलत को चार दिन का मेहमान क्यों कहा गया है?

(ग) लोग मित्र बनकर कब तक साथ घूमते हैं?

### लिखित

1. **नीचे दिए प्रश्नों के उत्तर शब्दों में दीजिए–**

(क) किस परिस्थिति में मन को कुछ नहीं भाता? ..............................

(ख) किसका कोई एक ठिकाना नहीं होता? ..............................

(ग) पूरे संसार में कैसा व्यवहार देखने को मिलता है? ..............................

(घ) निस्स्वार्थ भाव से प्रेम करने को क्या कहा गया है? ..............................

2. **नीचे दिए प्रश्नों के लघु उत्तर दीजिए–**

(क) जो लोग बिना सोचे-समझे कार्य करते हैं, उनका क्या होता है?

..................................................................................................

..................................................................................................

(ख) दौलत मिलने पर अभिमान क्यों नहीं करना चाहिए?

..........................................................................................

..........................................................................................

(ग) सब के साथ किस प्रकार का व्यवहार करना चाहिए?

..........................................................................................

..........................................................................................

3. नीचे दी पंक्तियों की सप्रसंग व्याख्या कीजिए–

(क) बिना बिचारै जो करै, सो पाछे पछताय।
काम बिगारै आपनो, जग में होत हँसाय।।

..........................................................................................

..........................................................................................

..........................................................................................

..........................................................................................

(ख) दौलत पाय न कीजिए, सपनेहुँ अभिमान।
चंचल जल दिन चारि को, ठाऊँ न रहत निदान।।

..........................................................................................

..........................................................................................

..........................................................................................

..........................................................................................

(ग) साईं सब संसार में, मतलब को व्यवहार।
जब लगि पैसा गाँठ में, तब लग ताको यार।।

..........................................................................................

..........................................................................................

..........................................................................................

..........................................................................................

4. नीचे दिए प्रश्नों के उपयुक्त उत्तर पर (✓) का चिह्न लगाइए–

(क) जग में किसे पछताना पड़ता है?

(*i*) जो अपना काम स्वयं करते हैं। ☐ (*ii*) जो अपना काम ईमानदारी से करते हैं। ☐

(*iii*) जो बिना सोचे-समझे कार्य करते हैं। ☐ (*iv*) जो समय पर काम करते हैं। ☐

(ख) हमें हमेशा कैसे वचन बोलने चाहिए?

(*i*) मीठे ☐ (*ii*) बिना सोचे-समझे ☐

(*iii*) कठोर ☐ (*iv*) कटु ☐

(ग) इस संसार में लोगों का व्यवहार कैसा है?

(*i*) अच्छा ☐ (*ii*) बुरा ☐

(*iii*) मतलबी ☐ (*iv*) स्वार्थरहित ☐

(घ) दौलत कितने दिन की मेहमान कही गई है?

(*i*) दो दिन की ☐ (*ii*) चार दिन की ☐

(*iii*) पाँच दिन की ☐ (*iv*) दस दिन की ☐

(ङ) लोग मित्र कब बन जाते हैं?

(*i*) जब आप दुविधा में होते हैं। ☐ (*ii*) जब आप खुश होते हैं। ☐

(*iii*) जब आप बीमार पड़ जाते हैं। ☐ (*iv*) जब आपके पास पैसा होता है। ☐

## भाषा ज्ञान

'दोहा, रोला कुंडलित; कर कुंडलिय होय' अर्थात कुंडलियाँ छंद में पहली दो पंक्तियाँ दोहा छंद की होती हैं और बाकी चार पंक्तियाँ रोला छंद की होती हैं। कुंडलियाँ छंद का पहला और अंतिम शब्द एक ही होता है; जैसे– पहले पद में आरंभ और अंत में 'बिना बिचारै' दूसरे पद में 'दौलत' तथा तीसरे पद में 'साईं' शब्द आया है। कुंडलियाँ छंद में दूसरी पंक्ति का अंतिम चरण और तीसरी पंक्ति का पहला चरण भी समान होता है।

1. **पाठ के अतिरिक्त कोई कुंडली पद लिखिए–**

..............................................................................................................................

..............................................................................................................................

..............................................................................................................................

..............................................................................................................................

2. **नीचे दिए शब्दों के मानक रूप लिखिए–**

| | | | |
|---|---|---|---|
| बिचारै | – विचार करके | हँसाय | – .............................. |
| माँहि | – .............................. | जस | – .............................. |
| बेगरजी | – .............................. | बिगारै | – .............................. |
| जिय | – .............................. | सपनेहुँ | – .............................. |
| ताको | – .............................. | विरला | – .............................. |

**3. नीचे दिए शब्दों के दो अलग-अलग अर्थ लिखकर वाक्य बनाइए–**

जग – संसार – ........................................................

जागना – ........................................................

जल – ........................................................

– ........................................................

घट – ........................................................

– ........................................................

वर – ........................................................

– ........................................................

कर – ........................................................

– ........................................................

**4. नीचे दिए शब्दों के समानार्थी शब्द लिखिए–**

जग – .................... ....................

मित्र – .................... ....................

चित्त – .................... ....................

दौलत – .................... ....................

घट – .................... ....................

दिन – .................... ....................

## पद से आगे

- जग में हँसी का पात्र न बनकर प्रसिद्धि और सफलता पाने के लिए क्या करना चाहिए? विचार करके उत्तर दीजिए।
- जग को किस प्रकार जीता जा सकता है? अपने विचारों पर उदाहरण सहित प्रकाश डालिए।

## नन्हे हाथों से

- धन-दौलत पाकर लोग अभिमानी क्यों बन जाते हैं? लोगों को घमंड न करने की सीख देने वाली कोई कहानी अपनी उत्तर पुस्तिका में लिखिए।
- 'मधुर वचन हैं औषधि' पर अनुच्छेद लिखिए।

........................................................

........................................................

........................................................

........................................................

## कुछ करने को

- किसी ऐसी घटना का वर्णन कीजिए जब आपने कोई कार्य बिना सोचे-विचारे किया हो और बाद में आपको पछताना पड़ा हो।
- पुस्तकालय में जाकर गिरिधर कविराय द्वारा रचित कुंडलियों को पढ़िए और उनमें से कोई पाँच जो आपको सबसे अधिक पसंद आएँ, लिखिए।

## आप क्या करेंगे?

- यदि उतावलेपन में आपसे कोई कार्य गलत हो जाए और उसके लिए आपको अध्यापक/अध्यापिका से डाँट पड़ने की संभावना हो तो आप क्या करेंगे?
- **आओ बनाएँ–**

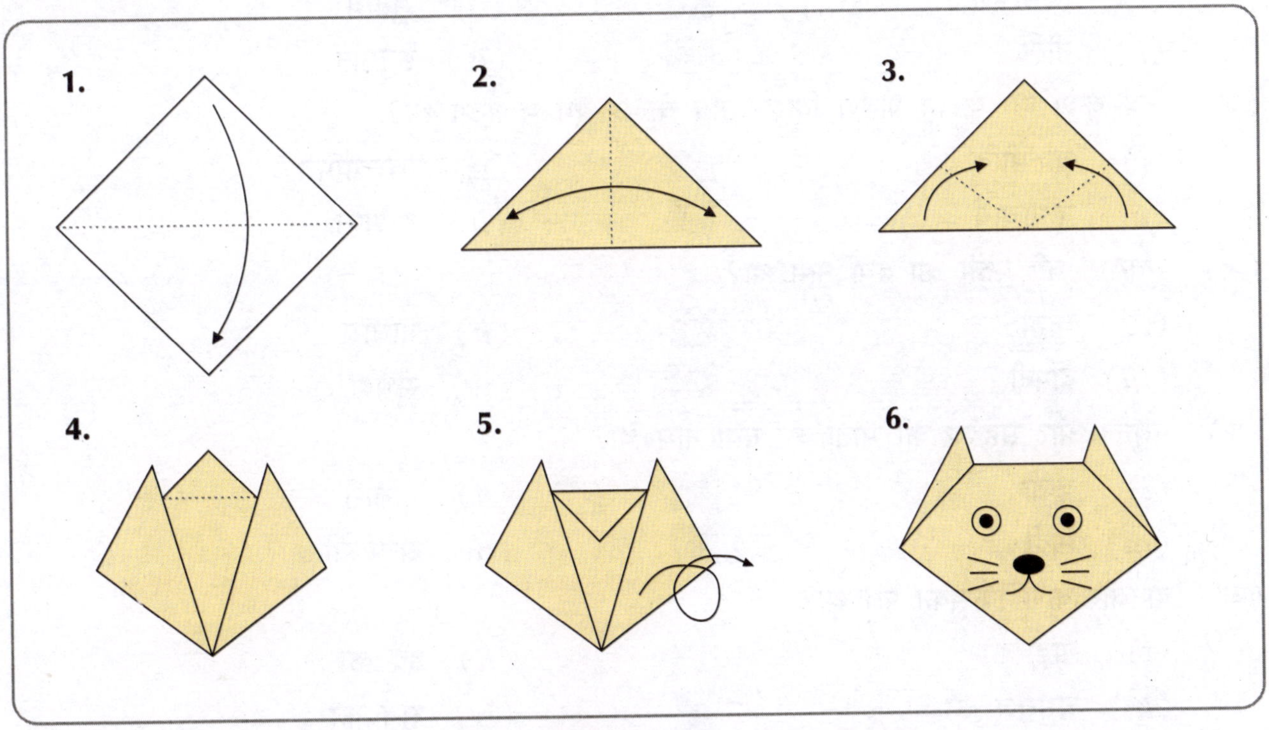

## क्या आप जानते हैं?

(क) टेलीविज़न का आविष्कार किसने किया?

(*i*) माइकल फैराडे ☐ (*ii*) एलीसा थॉमसन ☐
(*iii*) ग्राहम बेल ☐ (*iv*) जे०एल० बेयर्ड ☐

(ख) रेडियो का आविष्कार किसने किया?

(*i*) हैरीसन व टिनिंग ☐ (*ii*) कॉपर निकस ☐
(*iii*) बेंजानिन फ्रेंकलिन ☐ (*iv*) जी० मार्कोनी ☐

(ग) इनमें से किसे कंप्यूटर का पितामह कहा जाता है?

(*i*) रदरफोर्ड ☐ (*ii*) एडीसन ☐
(*iii*) चार्ल्स बेबेज ☐ (*iv*) न्यूटन ☐

(घ) रामायण के किस पात्र ने सीता जी को खोजने में श्री राम की सहायता की थी?

(*i*) भरत ☐ (*ii*) सुग्रीव ☐
(*iii*) बाली ☐ (*iv*) अंगद ☐

(ङ) सीता जी के अपहरण के समय किस पक्षी ने रावण को रोकने का प्रयास किया था?

(*i*) हंस ☐ (*ii*) बाज़ ☐
(*iii*) गरुड़ ☐ (*iv*) कौआ ☐

(च) रावण की लंका को किसके द्वारा आग लगाई गई थी?

(*i*) विभीषण ☐ (*ii*) सुग्रीव ☐
(*iii*) नील ☐ (*iv*) हनुमान ☐

(छ) लव-कुश का पालन-पोषण किस ऋषि के आश्रम में हुआ था?

(*i*) वाल्मीकि ☐ (*ii*) विश्वामित्र ☐
(*iii*) कृपाचार्य ☐ (*iv*) वशिष्ठ ☐

(ज) धृतराष्ट्र की पत्नी का क्या नाम था?

(*i*) कुंती ☐ (*ii*) गांधारी ☐
(*iii*) द्रोपदी ☐ (*iv*) सुभद्रा ☐

(झ) नकुल और सहदेव की माता का क्या नाम था?

(*i*) कुंती ☐ (*ii*) गांधारी ☐
(*iii*) माद्री ☐ (*iv*) सत्यवती ☐

(ञ) दानवीर कर्ण किसका पुत्र था?

(*i*) पांडु का ☐ (*ii*) इंद्र का ☐
(*iii*) धर्मराज का ☐ (*iv*) सूर्य का ☐

(ट) एक स्त्री ने एक व्यक्ति की ओर संकेत करते हुए कहा कि उसकी माँ, मेरी माँ की इकलौती बेटी है। उस व्यक्ति और स्त्री में क्या संबंध है?

(*i*) जीजा-साली ☐ (*ii*) माँ-बेटा ☐

(*iii*) सास-दामाद ☐ (*iv*) भाई-बहन ☐

(ठ) सुरेश ने एक लड़के के चित्र की ओर संकेत करते हुए कहा, "वह मेरी माँ के इकलौते बेटे का बेटा है।" सुरेश का उस लड़के से क्या संबंध है?

(*i*) भाई का ☐ (*ii*) चाचा का ☐

(*iii*) मित्र का ☐ (*iv*) पिता का ☐

(ड) एक लड़की ने एक लड़के की ओर संकेत करते हुए कहा कि वह मेरे चाचा के पिता की बेटी का बेटा है। उस लड़के और लड़की में क्या संबंध है?

(*i*) बुआ-भतीजा ☐ (*ii*) चाची-भतीजा ☐

(*iii*) बहन-भाई ☐ (*iv*) माँ-बेटी ☐

(ढ) यह व्यक्ति किस क्षेत्र से संबंधित है? सही विकल्प पर (✓) लगाइए–

(*i*) पर्यावरण ☐ (*ii*) समाज सेवा ☐

(*iii*) व्यवसाय ☐ (*iv*) खेल ☐

(ण) यह व्यक्ति किस क्षेत्र से संबंधित है? सही विकल्प पर (✓) लगाइए–

(*i*) समाज सेवा ☐ (*ii*) व्यवसाय ☐

(*iii*) गायन ☐ (*iv*) नृत्य ☐

(त) यह व्यक्ति किस क्षेत्र से संबंधित है? सही विकल्प पर (✓) लगाइए–

(*i*) लेखन ☐ (*ii*) खेल ☐

(*iii*) वादन ☐ (*iv*) नृत्य ☐

क्या आप जानते हैं?

# 15 धनराज पिल्लै

**संपादिका** – पिल्लै जी, पुणे की तंग गलियों से मुंबई के हीरानंदानी पवई कॉम्प्लैक्स तक आप कैसे पहुँचे? अपने सफ़र के बारे में कुछ बताएँ।

**धनराज पिल्लै** – मेरा बचपन मुश्किलों से भरा रहा। हम बहुत गरीब थे। हमारे घर में सभी को खेलों के प्रति लगाव था। मेरे दोनों बड़े भाई हॉकी खेलते थे। उन्हीं के चलते मुझे भी इसका शौक हुआ। पर सब के लिए अलग-अलग हॉकी स्टिक खरीदने की हैसियत नहीं थी हमारी इसलिए मैं अपने साथियों की स्टिक उधार माँगकर काम चलाता था। वह मुझे तभी मिलती थी, जब वे खेल चुके होते थे। इसके लिए मुझे बहुत धीरज के साथ अपनी बारी का इंतज़ार करना पड़ता था। मुझे अपनी पहली स्टिक तब मिली, जब मेरे बड़े भाई को राष्ट्रीय कैंप के लिए चुना गया। उन्होंने मुझे अपनी पुरानी स्टिक दे दी। वह थी तो पुरानी परंतु मेरे लिए बहुत कीमती थी क्योंकि वह मेरी अपनी थी जिसे मैं हर समय अपने पास रख सकता था। जब चाहे उससे अभ्यास कर सकता था।

**संपादिका** – आपने राष्ट्रीय स्तर पर खेलों की शुरुआत कब की?

**धनराज पिल्लै** – मैंने अपनी जूनियर राष्ट्रीय हॉकी सन 1985 में मणिपुर में खेली। तब मैं सिर्फ़ 16 साल का था। देखने में दुबला-पतला और छोटे बच्चों जैसा चेहरा...। दुबली कद-काठी के बावजूद मेरा ऐसा दबदबा था कि कोई मुझसे भिड़ने की कोशिश नहीं करता था। मैं बहुत जुझारू और आक्रामक था, मैदान में भी और मैदान से बाहर भी। 1986 में मुझे सीनियर टीम के लिए चुना गया और मैं पुणे से अपना बोरिया-बिस्तर बाँधकर मुंबई चला आया। उस साल मैंने और मेरे बड़े भाई रमेश ने मुंबई लीग की ओर से बेहतरीन खेल खेला, हमने खूब धूम मचाई। इसी के चलते मेरे अंदर एक उम्मीद जागी कि मुझे ओलंपिक (1988) के लिए नेशनल कैंप से बुलावा ज़रूर आएगा परंतु अफ़सोस नहीं आया। मेरा नाम 57 खिलाड़ियों की सूची में भी नहीं था। मुझे उस समय बड़ी मायूसी हुई। मगर एक साल बाद ही ऑलविन एशिया कप के कैंप के लिए मुझे चुन लिया गया। तब से लेकर आज तक मैंने पीछे मुड़कर नहीं देखा।

**शिक्षण संकेत**

- धनराज पिल्लै की जुझारू प्रवृत्ति से सीख लेने की प्रेरणा देते हुए बच्चों को समझाएँ कि मेहनत के बल पर विपरीत परिस्थितियों को भी अपने पक्ष में किया जा सकता है।

संपादिका – अपनी पढ़ाई के बारे में कुछ जानकारी दीजिए।

धनराज पिल्लै – मैं पढ़ने में एकदम फिसड्डी था। किसी तरह दसवीं तक पहुँचा मगर उससे आगे पढ़ना मेरे लिए बहुत कठिन था। मैंने पढ़ाई छोड़ दी। एक बात कहूँ? अगर मैं हॉकी खिलाड़ी न बनता तो शायद चपरासी की नौकरी भी मुझे न मिलती। आज मैं बैचलर ऑफ़ साइंस या आर्ट्स भले ही न होऊँ पर गर्व से कह सकता हूँ कि मैं बैचलर ऑफ़ हॉकी हूँ। (हँसते हुए) और मेरी शादी के बाद आप मुझे मास्टर ऑफ़ हॉकी कह सकते हैं।

संपादिका – कभी-कभी आप इतने आक्रामक क्यों हो जाते हैं? आपकी तुनकमिज़ाजी का क्या कारण है?

धनराज पिल्लै – इस बात का संबंध मेरे बचपन से जुड़ा हुआ है। मैं बचपन से ही अपने-आपको बहुत असुरक्षित महसूस करता था। मैंने अपनी माँ को देखा है कि उन्हें हमारे पालन-पोषण में कितना संघर्ष करना पड़ा है। मेरी तुनकमिज़ाजी के पीछे कई वजहें और भी हैं। मैं बिना लाग-लपेट वाला आदमी हूँ। मन में जो आता है, सीधे-सीधे कह डालता हूँ। इसके लिए बाद में मुझे कई बार पछताना भी पड़ता है। मुझसे अपना गुस्सा रोका नहीं जाता। मेरी इस कमी को जानते हुए दूसरे लोगों को भी मुझे उकसाने में मज़ा आता है। मुझे ज़िंदगी में हर छोटी-बड़ी चीज़ पाने के लिए जूझना पड़ा, जिससे मेरा स्वभाव चिड़चिड़ा हो गया। वैसे मैं बहुत भावुक इनसान हूँ। मैं किसी को तकलीफ़ में नहीं देख सकता। मैं अपने दोस्तों और परिवार की बहुत कद्र करता हूँ। जब मैं गलत होता हूँ तो अपनी गलतियों के लिए माफ़ी माँगने में मुझे कोई शरम महसूस नहीं होती।

संपादिका – हर सफल व्यक्ति की सफलता के पीछे एक औरत का हाथ होता है। आप इस कथन से कहाँ तक सहमत हैं? आप अपनी सफलता का श्रेय किसे देना चाहेंगे?

धनराज पिल्लै – मैं इस कथन से पूर्णतः सहमत हूँ। मेरी सफलता में सबसे बड़ा योगदान मेरी माँ का रहा है। वे ही इस सफलता का श्रेय पाने की हकदार हैं। सबसे अधिक प्रेरणा मुझे अपनी माँ से ही मिली है। उन्होंने हम सब भाई-बहनों में अच्छे संस्कार डालने की कोशिश की। मैं उनके सबसे

नज़दीक हूँ। मैं चाहे भारत में रहूँ या विदेश में, रोज़ रात को सोने से पहले माँ से बात ज़रूर करता हूँ। मेरी माँ ने मुझे प्रसिद्धि को विनम्रता से सँभालने की सीख दी है। मेरी सबसे बड़ी भाभी भी मेरे लिए माँ की तरह हैं और वह भी मेरे लिए प्रेरणास्रोत रही हैं।

**संपादिका –** आपने पहली बार कृत्रिम घास (एस्ट्रो टर्फ़) पर हॉकी कब खेली? उस घास पर हॉकी खेलकर आपको कैसा लगा?

**धनराज पिल्लै –** मैंने पहली बार कृत्रिम घास तब देखी जब राष्ट्रीय खेलों (नेशनल्स) में भाग लेने के लिए 1988 में नई दिल्ली आया। मुझे याद है कि किस तरह सोमय्या और जोक्विम कार्वाल्हो मुझे एक कोने में ले जाकर कृत्रिम घास पर खेलने के गुर बता रहे थे और जब वे बताने में लगे हुए थे, मैं झुक-झुककर उस मैदान को छू रहा था। मुझे विश्वास ही नहीं हो रहा था कि विज्ञान इस कदर तरक्की कर सकता है कि कृत्रिम घास तक उगाई जा सके!

**संपादिका –** हर खिलाड़ी का यह सपना होता है कि उसके पास एक शानदार कार और एक आलीशान घर हो। आपकी यह इच्छा कब पूरी हुई?

**धनराज पिल्लै –** अन्य खिलाड़ियों की तरह मैं इतने बड़े सपने नहीं पाल सकता था। मेरे घर की आर्थिक स्थिति मुझे ऐसा करने से रोके हुई थी। इसी कारण मेरी पहली कार एक सेकेंड हैंड आरमाडा थी जो मुझे मेरे पहले के नियोक्ता ने दी थी। तब तक मैं काफ़ी नामी खिलाड़ी बन चुका था। मैं तब भी मुंबई की लोकल ट्रेनों और बसों में सफ़र करता था क्योंकि टैक्सी में चढ़ने की हैसियत मेरी नहीं थी। मुझे याद है, एक बार किसी फ़ोटोग्राफ़र ने एक भीड़ से भरे रेलवे स्टेशन पर मेरी तसवीर खींचकर अखबार में यह खबर छपवा दी कि 'हॉकी का सितारा पिल्लै अभी भी मुंबई की लोकल ट्रेनों में सफ़र करता है।' उस दिन मैंने महसूस किया कि मैं एक मशहूर चेहरा बन चुका हूँ और मुझे लोकल ट्रेनों में सफ़र करने से बचना चाहिए। लेकिन मैं कर भी क्या सकता था? मैं जो भी थोड़ा-बहुत कमाता, उससे अपना परिवार चलाना पड़ता था। धीरे-धीरे पैसे जमा करके बहन की शादी की और अपनी माँ के लिए हर महीने पुणे पैसा भेजना शुरू किया। अब मेरे पास एक फ़ोर्ड आइकॉन है, जिसे मैंने सन 2000 में खरीदा था। मगर वह किसी कॉरपोरेट हाउस का दिया हुआ तोहफ़ा नहीं बल्कि मेरी मेहनत की गाढ़ी कमाई से खरीदी हुई है।

**संपादिका –** आपके लिए सफलता का क्या महत्त्व है? हॉकी और देश को आपने इतना कुछ दिया, इसके बदले में आपको क्या मिला?

**धनराज पिल्लै –** आज खिलाड़ियों को जितना मिलता है, उसके मुकाबले में पहले कुछ नहीं मिलता था। मेरी पहली ज़िम्मेदारी थी-परिवार की आर्थिक तंगी को दूर करना और उन सब को एक बेहतर ज़िंदगी देना। विदेश में जाकर खेलने से जो कमाई हुई, उससे मैंने 1994 में पुणे के भाऊ पाटिल रोड पर दो बेडरूम का एक छोटा-सा फ्लैट खरीदा। घर छोटा ज़रूर था पर हम सब के लिए

काफ़ी था। 1999 में महाराष्ट्र सरकार ने मुझे पवई में एक फ्लैट दिया। ऐसा आलीशान घर जिसे खरीदने की मेरी खुद की हैसियत कभी नहीं हो पाती।

**संपादिका** – विख्यात हस्तियों के साथ एक ही मंच पर बैठना आपको कैसा लगता है?

**धनराज पिल्लै** – बहुत अच्छा! उनके साथ हाथ मिलाकर मैं गौरवान्वित महसूस करता हूँ। जब हम राष्ट्रपति से मिले तब यह महसूस हुआ कि हम कितने खास हैं। हॉकी ही है जिसके चलते हर जगह प्रतिष्ठा मिली वरना इनके द्‌वार तक पहुँचना भी शायद दुर्लभ स्वप्न जैसा होता!

## शब्दार्थ

| | | | | | |
|---|---|---|---|---|---|
| **हैसियत** | – | सामाजिक मान-मर्यादा | **धीरज** | – | धैर्य |
| **जुझारू** | – | जूझने, संघर्ष करने वाला | **आक्रामक** | – | हमला करने वाला |
| **मायूसी** | – | निराशा | **तुनकमिज़ाजी** | – | चिड़चिड़ापन |
| **असुरक्षित** | – | सुरक्षा रहित | **संघर्ष** | – | टकराव, स्पर्द्धा |
| **भावुक** | – | भावों के वशीभूत होकर कार्य करने वाला | **कृत्रिम** | – | बनावटी |

**इन्हें ऐसे भी लिख सकते हैं–**

| | | | | | |
|---|---|---|---|---|---|
| **प्रसिद्‌धि** | – | प्रसिद्धि | **फिसड्‌डी** | – | फिसड्डी |

## संकलनात्मक एवं रचनात्मक मूल्यांकन

### मौखिक

1. **पढ़िए और बोलिए–**

   कॉम्प्लैक्स राष्ट्रीय जुझारू प्रेरणा संस्कार

2. **सोचकर बताइए–**

   (क) धनराज पिल्लै अपने साथियों से हॉकी स्टिक उधार क्यों माँगते थे?

   (ख) 1988 में नेशनल कैंप से बुलावा न आने पर धनराज पिल्लै की मायूसी कैसे दूर हुई?

   (ग) धनराज पिल्लै की तुनकमिज़ाजी का क्या कारण है?

## लिखित

1. **नीचे दिए प्रश्नों के उत्तर शब्दों में दीजिए–**

(क) धनराज पिल्लै ने राष्ट्रीय स्तर पर हॉकी खेलने की शुरुआत कब और कहाँ की? ....................

(ख) धनराज पिल्लै को पहली बार ऑलविन एशिया कप के लिए कब चुना गया? ....................

(ग) धनराज पिल्लै का स्वभाव कैसा है? ....................

(घ) धनराज पिल्लै ने अपनी पहली ज़िम्मेदारी किसे माना? ....................

(ङ) धनराज पिल्लै स्वयं को कब गौरवान्वित महसूस करते हैं? ....................

2. **नीचे दिए प्रश्नों के लघु उत्तर दीजिए–**

(क) धनराज पिल्लै को पहली हॉकी स्टिक कब और कैसे मिली?

..................................................................................................................................

..................................................................................................................................

(ख) धनराज पिल्लै ने अपनी सफलता का श्रेय किसे और क्यों दिया?

..................................................................................................................................

..................................................................................................................................

(ग) धनराज पिल्लै को कौन-सी घटना ने अखबार की सुर्खियों में ला दिया?

..................................................................................................................................

..................................................................................................................................

(घ) 'माँ ने मुझे प्रसिद्धि को विनम्रता से सँभालने की सीख दी है।' इस कथन का क्या आशय है? स्पष्ट कीजिए।

..................................................................................................................................

..................................................................................................................................

3. **नीचे दिए प्रश्नों के दीर्घ उत्तर दीजिए–**

(क) इस साक्षात्कार से धनराज पिल्लै की कैसी छवि उभरती है? वर्णन कीजिए।

..................................................................................................................................

..................................................................................................................................

..................................................................................................................................

..................................................................................................................................

(ख) सफलता के शिखर पर पहुँचे धनराज पिल्लै के संघर्षात्मक सफ़र का वर्णन कीजिए।

.......................................................................................................

.......................................................................................................

.......................................................................................................

.......................................................................................................

**4. नीचे दिए प्रश्नों के उपयुक्त उत्तर पर (✓) का चिह्न लगाइए–**

(क) भाई द्वारा दी गई पुरानी हॉकी स्टिक को धनराज पिल्लै ने कीमती क्यों कहा?

(*i*) वह भाई द्वारा प्रेमपूर्वक दी गई भेंट थी। ☐

(*ii*) धनराज पिल्लै उस स्टिक को हर समय अपने पास रख सकते थे और जब चाहे अभ्यास कर सकते थे। ☐

(*iii*) उस स्टिक में हीरे जड़े थे। ☐

(*iv*) उस स्टिक का ऐतिहासिक महत्त्व था। ☐

(ख) धनराज पिल्लै ओलंपिक 1988 में क्यों नहीं खेल सके?

(*i*) वह बीमार थे। ☐ (*ii*) वह चल-फिर नहीं सकते थे। ☐

(*iii*) उनको बुलाया नहीं गया था। ☐ (*iv*) उनका नाम बाद में शामिल किया गया था। ☐

(ग) धनराज पिल्लै अन्य खिलाड़ियों की तरह बड़े-बड़े सपने क्यों नहीं देखते थे?

(*i*) उनको सपने नहीं आते थे। ☐

(*ii*) उनकी बड़ा बनने की इच्छा नहीं थी। ☐

(*iii*) उनके घर की आर्थिक स्थिति ऐसा करने से रोकती थी। ☐

(*iv*) वह सपने देखने में विश्वास नहीं रखते थे। ☐

(घ) विदेशों में खेलने से हुई कमाई का धनराज पिल्लै ने क्या किया?

(*i*) सेकेंड हैंड आरमाडा कार खरीदी। ☐

(*ii*) पवई में एक आलीशान फ्लैट खरीदा। ☐

(*iii*) पुणे में दो बेडरूम का एक छोटा-सा फ्लैट खरीदा। ☐

(*iv*) सारी राशि गरीबों को दान कर दी। ☐

## भाषा ज्ञान

**1. नीचे दिए वाक्यों में विशेषण शब्दों पर ◯ लगाइए–**

(क) मेरे बड़े भाई ने मुझे अपनी पुरानी स्टिक दे दी।

(ख) दुबली कद-काठी के बावजूद मेरा दबदबा था।

(ग) मुझे उस समय बड़ी मायूसी हुई।

(घ) मेरी सबसे बड़ी भाभी भी मेरे लिए माँ की तरह हैं।

(ङ) मुझे लोकल ट्रेनों में सफ़र करने से बचना चाहिए था।

**2. नीचे दिए वाक्यों में क्रियाविशेषण शब्दों पर ◯ लगाइए–**

(क) उसके मन में जो आता है, वह सीधे-सीधे कह देता है।

(ख) मेरी बात सुनकर वह ज़ोर-से हँसने लगा।

(ग) कछुआ धीरे-धीरे चलने लगा।

(घ) अवकाश के कारण वह देर तक सोता रहा।

(ङ) श्याम कब तक आएगा?

**3. नीचे दिए वाक्यों में संबंधबोधक शब्दों पर (✓) लगाइए–**

(क) घर के सामने पार्क है।

(*i*) घर ☐ (*ii*) के ☐ (*iii*) के सामने ☐ (*iv*) पार्क ☐

(ख) उसके आगे किसी की नहीं चलती।

(*i*) उसके ☐ (*ii*) उसके आगे ☐ (*iii*) किसी की ☐ (*iv*) नहीं ☐

(ग) संकट की घड़ी में अपनों के सिवा कौन याद आता है?

(*i*) संकट की ☐ (*ii*) घड़ी में ☐ (*iii*) अपनों ☐ (*iv*) के सिवा ☐

(घ) पेड़ के नीचे बैठी गाय जुगाली कर रही थी।

(*i*) गाय ☐ (*ii*) जुगाली ☐ (*iii*) कर रही थी ☐ (*iv*) के नीचे ☐

(ङ) रघु के पास एक कुत्ता है।

(*i*) रघु ☐ (*ii*) के पास ☐ (*iii*) एक ☐ (*iv*) कुत्ता ☐

**4. नीचे दिए उदाहरण के अनुसार शब्द परिवार बनाइए–**

| उत्साह | उत्साहित | उत्साहवर्धक |
|---|---|---|
| .......................... | .......................... | .......................... |
| .......................... | .......................... | .......................... |
| .......................... | .......................... | .......................... |
| .......................... | .......................... | .......................... |
| .......................... | .......................... | .......................... |
| .......................... | .......................... | .......................... |

## साक्षात्कार से आगे

- अपनी गलती के लिए माफ़ी माँगना और दूसरों के गलती करने पर उन्हें माफ़ कर देना क्या आसान कार्य है? अपने अनुभवों का वर्णन करते हुए उत्तर दीजिए।
- 'आर्थिक परेशानियाँ जीवन में रुकावट अवश्य डालती हैं पर वे मेहनती लोगों को आगे बढ़ने से रोक नहीं सकतीं।' इस बात से आप कहाँ तक सहमत हैं? अपना तर्क दीजिए।
- 'किसी भी सफल व्यक्ति के पीछे एक औरत का हाथ होता है।' इस कथन से आप कहाँ तक सहमत हैं? इसके पक्ष या विपक्ष में उत्तर दीजिए।

## नन्हे हाथों से

- **अपने प्रिय खिलाड़ी का चित्र बनाकर या लगाकर उसके विषय में कुछ पंक्तियाँ लिखिए।**

## कुछ करने को

- हॉकी भारत का राष्ट्रीय खेल है। हॉकी के क्षेत्र में भारत की उपलब्धियों और पिछड़ने के कारणों की जानकारी एकत्र करके एक परियोजना तैयार कीजिए।
- हॉकी का जादूगर किसे कहते थे? पता लगाइए और उसकी जीवनी पढ़िए।

## आप क्या करेंगे?

- भरपूर योग्यता होने पर भी यदि आर्थिक विषमताओं के कारण आपको खेलों से दूर रहना पड़े तो आप क्या करेंगे?

# 16 बूढ़ी काकी

बुढ़ापा बहुधा बचपन का पुनरागमन हुआ करता है। बूढ़ी काकी में जीभ के स्वाद के सिवा न तो कोई चेष्टा ही शेष थी और न ही अपने कष्टों की ओर आकर्षित करने का रोने के अतिरिक्त कोई दूसरा सहारा। समस्त इंद्रियाँ, हाथ और पैर जवाब दे चुके थे। चारपाई पर पड़ी रहतीं और यदि घर वाले कोई बात उनकी इच्छा के विरुद्ध करते, भोजन का समय टल जाता या उसकी मात्रा कम होती अथवा बाज़ार से कोई वस्तु आती और उन्हें न मिलती तो वे रोने लगती थीं। उनका रोना-सिसकना साधारण रोना न था, वे गला फाड़-फाड़कर रोती थीं।

उनके पति को स्वर्ग सिधारे बहुत समय हो चुका था। बेटे तरुण हो-होकर चल बसे थे। एक भतीजे के सिवाय और कोई न था। उसी भतीजे के नाम उन्होंने अपनी सारी संपत्ति लिख दी थी। बुद्धिराम ने सारी संपत्ति अपने नाम लिखवाते समय खूब लंबे-चौड़े वादे किए थे किंतु वे सभी वादे केवल कुली डिपो के दलालों के दिखाए हुए सब्ज़बाग थे। यद्यपि उस संपत्ति की वार्षिक आय कम न थी तथापि बूढ़ी काकी को पेटभर भोजन भी कठिनाई से मिलता था।

लड़कों का बूढ़ों से स्वाभाविक विद्वेष होता ही है और फिर जब माता-पिता का यह रंग देखते तो वे बूढ़ी काकी को और अधिक सताया करते। कोई चुटकी काटकर भागता,

**शिक्षण संकेत**

- बच्चों को समझाएँ कि वृद्ध लोगों को स्नेह एवं सम्मान देना चाहिए क्योंकि माता-पिता के त्याग एवं बलिदान से ही बच्चे सफलता प्राप्त कर पाते हैं।
- बच्चों को बताएँ कि वृद्धावस्था जीवन का अंतिम पड़ाव होता है। यह लगभग सभी मनुष्यों के जीवन में आता है। अतः वृद्धों की उपेक्षा और अपमान नहीं करना चाहिए।

कोई उन पर पानी की कुल्ली कर देता। काकी चीख मारकर रोतीं, परंतु यह बात प्रसिद्ध थी कि वे केवल खाने के लिए रोती हैं, अतएव उनके संताप और आर्त्तनाद पर कोई ध्यान नहीं देता था।

संपूर्ण परिवार में यदि काकी से किसी को अनुराग था तो वह बुद्धिराम की छोटी बेटी लाडली थी। लाडली अपने दोनों भाइयों के डर से वह अपने हिस्से की मिठाई या चबैना बूढ़ी काकी के पास बैठकर खाया करती थी। यही उसका रक्षागार था। यद्यपि काकी की शरण उनकी लोलुपता के कारण महँगी पड़ती थीं तथापि भाइयों के अन्याय की तुलना में कहीं सुलभ थी। इस स्वार्थानुकूलता ने उन दोनों में सहानुभूति का आरोपण कर दिया था।

रात का समय था। बुद्धिराम के द्वार पर शहनाई बज रही थी और गाँव के बच्चों का झुंड विस्मयपूर्ण नेत्रों से गाने का रसास्वादन कर रहा था। आज बुद्धिराम के बड़े बेटे मुखराम का तिलक आया था। यह उसी का उत्सव था। घर के भीतर स्त्रियाँ गा रही थीं और रूपा मेहमानों के लिए भोजन का प्रबंध करने में व्यस्त थी। भट्ठियों पर कड़ाह चढ़े हुए थे। एक में पूड़ियाँ-कचौड़ियाँ निकल रही थीं। दूसरे बड़े पतीले में मसालेदार सब्ज़ी पक रही थी। घी और मसालों की सुगंध चारों ओर फैली हुई थी।

बूढ़ी काकी अपनी कोठरी में बैठी हुई थीं। यह सुगंध उन्हें बेचैन कर रही थी। वे मन-ही-मन सोच रही थीं, इतनी देर हो गई, कोई भोजन लेकर क्यों नहीं आया? मालूम होता है, सब लोग भोजन कर चुके हैं। यह सोचकर उन्हें रोना आया परंतु अपशकुन के डर से वे रो न सकीं। बूढ़ी काकी की कल्पना में पूड़ियों की तसवीर नाचने लगी। खूब लाल-लाल, फूली-फूली, नरम-नरम व खस्ता होंगी! कचौड़ियों से अजवाइन और इलायची की महक आ रही होगी। एक पूड़ी मिलती तो ज़रा हाथ में लेकर देखती। क्यों न चलकर कड़ाह के सामने ही बैठूँ। यह निर्णय करके बूढ़ी काकी उकड़ूँ बैठकर हाथों के बल सरकती हुई बड़ी कठिनाई से चौखट से उतरीं और धीरे-धीरे रेंगती हुई कड़ाह के पास आ बैठीं। यहाँ आने पर उन्हें उतना ही धैर्य हुआ जितना भूखे कुत्ते को खाने वाले के सम्मुख बैठने पर होता है।

बुद्धिराम की पत्नी रूपा उस समय कार्य-भार से परेशान थी। कभी इस कमरे में जाती कभी उस कमरे में, कभी कड़ाह के पास आती तो कभी भंडार में जाती। बेचारी अकेली दौड़ते-दौड़ते व्याकुल हो रही थी, झुँझलाती थी, कुढ़ती थी परंतु क्रोध प्रकट करने का अवसर न पाती थी। इस अवस्था में उसने बूढ़ी काकी को कड़ाह के पास बैठे देखा तो जल उठी। क्रोध रुक न सका। जिस प्रकार मेंढक केंचुए पर झपटता है, उसी प्रकार वह बूढ़ी काकी पर झपटी और उन्हें दोनों हाथों से झटककर बोली, "ऐसे पेट में आग लगे, पेट है या भाड़? कोठरी में बैठते हुए क्या दम घुटता था? अभी मेहमानों ने नहीं खाया, भगवान को भोग नहीं लगा, तब तक धैर्य न हो सका?"

बूढ़ी काकी ने सिर उठाया; न रोईं और न बोलीं। चुपचाप रेंगती हुई अपनी कोठरी में चली गईं। भोजन तैयार हो गया। आँगन में पत्तलें पड़ गईं और मेहमान खाने लगे। बूढ़ी काकी अपनी कोठरी में जाकर पश्चाताप कर रही थीं कि मैं क्यों चली गई? उन्हें रूपा पर क्रोध नहीं था बल्कि अपनी जल्दबाज़ी पर दुःख था। सच ही तो है, जब तक मेहमान लोग भोजन नहीं कर लेंगे, घर वाले कैसे खाएँगे? मुझसे इतनी देर भी न रहा गया! अब जब तक कोई बुलाने न आएगा, न जाऊँगी।

मन-ही-मन विचार कर वह बुलावे का इंतज़ार करने लगी। वह मन को बहलाने के लिए लेट गई और धीरे-धीरे गीत गुनगुनाने लगी। जब उन्हें मालूम हुआ कि मुझे गाते-गाते देर हो गई तो सोचने लगीं क्या इतनी देर तक लोग भोजन कर रहे होंगे!

किसी की आवाज़ सुनाई नहीं देती। अवश्य ही लोग खा-पीकर चले गए होंगे। मुझे कोई बुलाने नहीं आया। रूपा चिढ़ गई है, क्या पता न बुलाए। बूढ़ी काकी चलने के लिए तैयार हुईं। यह विश्वास था कि एक मिनट में पूड़ियाँ और मसालेदार सब्ज़ियाँ सामने आएँगी, उनकी स्वादेंद्रियाँ गुदगुदाने लगीं। उन्होंने मन में तरह-तरह के मंसूबे बाँधे- पहले सब्ज़ी से पूड़ियाँ खाऊँगी, फिर दही और शक्कर से, कचौड़ियाँ रायते के साथ मज़ेदार लगेंगी। चाहे कोई बुरा माने चाहे भला, मैं तो माँग-माँगकर खाऊँगी। लोग यही कहेंगे कि इन्हें विचार नहीं। कहा करें, इतने दिनों के बाद पूड़ियाँ मिल रही हैं तो मुँह जूठा करके थोड़े ही उठ जाऊँगी।

वह उकड़ूँ बैठकर हाथों के बल सरकती हुई फिर से आँगन में आईं। परंतु हाय दुर्भाग्य! मेहमान मंडली अभी बैठी हुई थी। कोई खाकर उँगलियाँ चाटता था, कोई तिरछे नेत्रों से देखता था कि और लोग अभी तक खा रहे हैं या नहीं। इतने में बूढ़ी काकी रेंगती हुई उनके बीच में जा पहुँचीं।

बुद्धिराम काकी को देखते ही क्रोध से तिलमिला उठे। लपककर उन्होंने काकी के दोनों हाथ पकड़े और घसीटते हुए अँधेरी कोठरी में लाकर धम-से पटक दिया। मेहमानों ने भोजन किया, घरवालों ने भोजन किया, बाजेवाले, धोबी, नाई भी भोजन कर चुके, परंतु बूढ़ी काकी को किसी ने न पूछा। बुद्धिराम और रूपा दोनों ही बूढ़ी काकी को उनकी निर्लज्जता के लिए दंड देने का निश्चय कर चुके थे। उनके बुढ़ापे और दीनता पर किसी को दया न आई। एक अकेली लाडली उनके लिए परेशान हो रही थी।

लाडली को काकी से अत्यंत प्रेम था। वह झुँझला रही थी कि वे लोग काकी को बहुत-सी पूड़ियाँ क्यों नहीं दे देते? क्या मेहमान सब-की-सब खा जाएँगे? यदि काकी ने मेहमानों से पहले खा लिया तो क्या बिगड़ जाएगा? वह काकी के पास जाकर उन्हें धैर्य देना चाहती थी परंतु माँ के डर से न जाती थी। उसने अपने हिस्से की पूड़ियाँ बिलकुल न खाई थीं। उन पूड़ियों को काकी के पास ले जाना चाहती थी। उसका हृदय अधीर हो रहा था। बूढ़ी काकी मेरी बात सुनते ही उठ बैठेंगी, पूड़ियाँ देखकर कैसी प्रसन्न होंगी! मुझे खूब प्यार करेंगी।

रात के ग्यारह बज गए थे। रूपा आँगन में पड़ी सो रही थी। लाडली की आँखों में नींद न थी। काकी को पूड़ियाँ खिलाने की खुशी उसे सोने न देती थी। जब विश्वास हो गया कि अम्माँ सो गईं हैं, तो वह चुपके से उठी और बूढ़ी काकी की कोठरी की ओर चल दी। बूढ़ी काकी को केवल इतना याद था कि किसी ने मेरे हाथ पकड़कर घसीटे और

फिर ऐसा मालूम हुआ कि जैसे कोई पहाड़ पर उड़ाए लिए जाता है। उनके पैर बार-बार पत्थरों से टकराए तब किसी ने उन्हें पहाड़ पर दे पटका, वे मूर्छित हो गईं।

जब वे सचेत हुईं तो किसी की ज़रा भी आहट न मिलती थी। उन्होंने समझा कि सब लोग खा-पीकर सो गए। यह विचार कर काकी निराशामय संतोष के साथ लेट गईं। ग्लानि से गला भर-भर आता था, परंतु मेहमानों के डर से रोती न थीं।

सहसा उनके कानों में आवाज़ आई, "काकी उठो; मैं पूड़ियाँ लाई हूँ।" काकी ने लाडली की बोली पहचानी। झटपट उठ बैठीं। दोनों हाथों से लाडली को टटोला और उसे गोद में बैठा लिया। लाडली ने पूड़ियाँ निकालकर दीं।

काकी ने पूछा, "क्या तुम्हारी अम्माँ ने दी हैं?"

लाडली ने कहा, "नहीं, ये मेरे हिस्से की हैं।"

काकी पूड़ियों पर टूट पड़ीं। पाँच मिनट में पिटारी खाली हो गई। लाडली ने पूछा, "काकी, पेट भर गया?"

जैसे थोड़ी-सी वर्षा ठंडक के स्थान पर गरमी पैदा कर देती है, उसी तरह थोड़ी पूड़ियों ने काकी की क्षुधा और इच्छा को और उत्तेजित कर दिया था। वह बोली, "नहीं बेटी, जाकर अम्माँ से और माँग लाओ।"

लाडली ने कहा, "अम्माँ सो गई हैं, जगाऊँगी तो मारेंगी।"

काकी ने पिटारी को फिर टटोला। उसमें कुछ खुरचन गिरे थे। उन्हें निकालकर खा गईं। बार-बार होंठ चाटती थीं, चटखारें भरती थीं। हृदय मसोस रहा था कि और पूड़ियाँ कैसे पाऊँ? काकी का अधीर मन इच्छा के प्रबल प्रवाह में बह गया। उचित और अनुचित का विचार जाता रहा। वे कुछ देर तक उस इच्छा को रोकती रहीं। सहसा लाडली से बोलीं, "मेरा हाथ पकड़कर वहाँ ले चलो, जहाँ मेहमानों ने बैठकर खाना खाया है।"

लाडली उनका अभिप्राय न समझ सकी। उसने काकी का हाथ पकड़ा और ले जाकर जूठे पत्तलों के पास बैठा दिया। काकी पत्तलों से पूड़ियों के टुकड़े चुन-चुनकर खाने लगीं। आहा! दही कितनी स्वादिष्ट थी, कचौड़ियाँ कितनी सलोनी, खस्ता और कितनी मुलायम। काकी बुद्धिहीन होते हुए भी इतना जानती थीं कि मैं वह काम कर रही हूँ, जो मुझे कदापि न करना चाहिए। मैं दूसरों की जूठी पत्तल चाट रही हूँ परंतु बुढ़ापा तृष्णा रोग का ऐसा अंतिम समय है, जब संपूर्ण इच्छाएँ एक ही केंद्र पर आ लगती हैं। बूढ़ी काकी में यह केंद्र उनकी स्वादेंद्रियाँ थीं।

ठीक उसी समय रूपा की आँखें खुलीं। उसे मालूम हुआ कि लाडली मेरे पास नहीं है। वह चौंकी और चारपाई के इधर-उधर देखने लगी कि कहीं नीचे तो नहीं गिर पड़ी। उसे वहाँ न पाकर वह उठी तो क्या देखती है कि लाडली जूठे पत्तलों के पास चुपचाप खड़ी है और बूढ़ी काकी पत्तलों पर से पूड़ियों के टुकड़े उठा-उठाकर खा रही हैं।

रूपा का हृदय सन्न रह गया। यह वह दृश्य था जिसे देखकर देखने वालों के हृदय काँप उठते हैं। ऐसा प्रतीत होता था मानो ज़मीन थम गई, आसमान चक्कर खा रहा है। संसार पर कोई विपत्ति आने वाली है। रूपा को क्रोध न आया। शोक के सम्मुख क्रोध कहाँ? करुणा और भय से उसकी आँखें भर आईं। इस अधर्म के पाप का भागी कौन है? उसने सच्चे हृदय से गगन-मंडल की ओर हाथ उठाकर कहा, "हे परमात्मा!, मेरे बच्चों पर दया करो। इस अधर्म का दंड मुझे मत देना, नहीं तो मेरा सत्यानाश हो जाएगा।"

रूपा की स्वार्थपरता और अन्याय इस प्रकार प्रत्यक्ष रूप से कभी न दीख पड़े थे। वह सोचने लगी, "हाय! कितनी निर्दयी हूँ? जिसकी संपत्ति से मुझे दो सौ रुपया वार्षिक आय हो रही है, उसकी यह दुर्गति! और मेरे कारण! हे दयामय भगवान! मुझसे बड़ी भारी गलती हुई है, मुझे क्षमा करो।"

रूपा ने दीया जलाया, अपने भंडार का द्वार खोला और एक थाली में सारा भोजन सजाकर लिए हुए बूढ़ी काकी की ओर चली। उसने कंठावरुद्ध स्वर में कहा, "काकी उठो, भोजन कर लो। मुझसे आज बड़ी भूल हुई, उसका बुरा न मानना। परमात्मा से प्रार्थना कर दो कि वे मेरा अपराध क्षमा कर दें।"

भोले-भाले बच्चे की भाँति, जो मिठाइयाँ पाकर मार और तिरस्कार सब भूल जाता है, बूढ़ी काकी सब भुलाकर बैठी हुई खाना खा रही थीं। उनके एक-एक रोएँ से सच्ची सदिच्छाएँ निकल रही थीं और रूपा इस स्वर्गिक दृश्य का आनंद लेने में निमग्न थी।

**—मुंशी प्रेमचंद**

## शब्दार्थ

| | | | |
|---|---|---|---|
| **पुनरागमन** | – वापस आना | **चेष्टा** | – कोशिश |
| **विद्वेष** | – घृणा, नफ़रत | **आर्त्तनाद** | – दुखभरी पुकार |
| **रक्षागार** | – सुरक्षित जगह | **रसास्वादन** | – सुख लेना, रस चखना |
| **सुगंध** | – खुशबू | **स्वादेंद्रियाँ** | – स्वाद का ज्ञान कराने वाली इंद्रियाँ, जीभ |
| **मंसूबे** | – कल्पनाएँ, योजनाएँ | **तिरछे** | – टेढ़े |
| **निर्लज्जता** | – बेशर्मी | **मूर्छित** | – बेहोश |
| **क्षुधा** | – भूख | **अभिप्राय** | – आशय, मतलब |
| **तृष्णा** | – लालसा | **स्वार्थपरता** | – अपनी भलाई की सोच |

**इन्हें ऐसे भी लिख सकते हैं–**

| | | | | | |
|---|---|---|---|---|---|
| **संपत्ति** | – संपत्ति | **बुद्धिराम** | – बुद्धिराम | **प्रसिद्ध** | – प्रसिद्ध |
| **विद्वेष** | – विद्वेष | **पत्तल** | – पत्तल | **कंठावरुद्ध** | – कंठावरुद्ध |

# संकलनात्मक एवं रचनात्मक मूल्यांकन

## मौखिक

1. **पढ़िए और बोलिए–**

इंद्रियाँ     स्वार्थानुकूलता     सहानुभूति     विस्मयपूर्ण     निर्लज्जता

2. **सोचकर बताइए–**

(क) काकी की दयनीय स्थिति का क्या कारण था?

(ख) काकी के आर्त्तनाद पर कोई भी ध्यान क्यों नहीं देता था?

(ग) लाडली अपने हिस्से की मिठाइयाँ काकी के पास बैठकर क्यों खाती थी?

## लिखित

1. **नीचे दिए प्रश्नों के उत्तर शब्दों में दीजिए–**

(क) बुढ़ापा किसका पुनरागमन होता है? ..........................

(ख) काकी अपने कष्टों की ओर सबका ध्यान किस प्रकार आकर्षित करती थी? ..........................

(ग) बुद्धिराम के घर में शहनाई क्यों बज रही थी? ..........................

(घ) क्या देखकर रूपा का हृदय सन्न रह गया? ..........................

(ङ) काकी को जूठे पत्तल चाटते देख रूपा ने क्या किया? ..........................

2. **नीचे दिए प्रश्नों के लघु उत्तर दीजिए–**

(क) बुढ़ापे को बचपन का पुनरागमन क्यों कहा गया है?

..........................................................................................

..........................................................................................

(ख) काकी ने अपनी सारी संपत्ति बुद्धिराम के नाम क्यों कर दी थी?

..........................................................................................

..........................................................................................

(ग) लाडली क्यों परेशान थी? रात में सबके सो जाने के बाद उसने क्या किया?

..........................................................................................

..........................................................................................

(घ) खाने को लेकर काकी क्या-क्या मंसूबे बाँध रही थीं?

..............................................................................................................................

..............................................................................................................................

(ङ) रूपा का हृदय किस प्रकार परिवर्तित हुआ?

..............................................................................................................................

..............................................................................................................................

**3. नीचे दिए प्रश्नों के दीर्घ उत्तर दीजिए–**

(क) घर के लोग काकी से उपेक्षापूर्ण व्यवहार क्यों करते थे? वृद्धों को ऐसी स्थिति से किस प्रकार बचाया जा सकता है? कुछ सुझाव दीजिए।

..............................................................................................................................

..............................................................................................................................

..............................................................................................................................

..............................................................................................................................

(ख) पाठ के आधार पर लाडली का चरित्र-चित्रण कीजिए।

..............................................................................................................................

..............................................................................................................................

..............................................................................................................................

..............................................................................................................................

(ग) पाठ के आधार पर रूपा का चरित्र-चित्रण कीजिए।

..............................................................................................................................

..............................................................................................................................

..............................................................................................................................

..............................................................................................................................

**4. नीचे दिए प्रश्नों के उपयुक्त उत्तर पर (✓) का चिह्न लगाइए–**

(क) काकी किसके साथ रहती थी?

(*i*) भतीजे के ☐ (*ii*) बेटे के ☐ (*iii*) बेटी के ☐ (*iv*) भतीजी के ☐

(ख) लाडली किसके डर से अपने हिस्से की मिठाइयाँ काकी के पास बैठकर खाती थी?

(*i*) पड़ोसियों के ☐ (*ii*) भाइयों के ☐ (*iii*) काकी के ☐ (*iv*) माँ के ☐

(ग) रूपा की परेशानी का क्या कारण था?

(*i*) बूढ़ी काकी (*ii*) कार्य का भार

(*iii*) बीमारी (*iv*) लाडली

(घ) काकी को आँगन में देखकर बुद्धिराम ने क्या किया?

(*i*) काकी को सम्मानपूर्वक मेहमानों से मिलवाया।

(*ii*) काकी के दोनों हाथ पकड़कर घसीटते हुए कोठरी में ले गया।

(*iii*) काकी को भला-बुरा कहने लगा।

(*iv*) काकी का ध्यान न रखने पर रूपा को डाँटने लगा।

(ङ) काकी को भोजन क्यों नहीं दिया गया था?

(*i*) कार्य की अधिकता के कारण भूल गए थे।

(*ii*) काकी मसालेदार भोजन पचा नहीं पाती थी।

(*iii*) बुद्धिराम और रूपा काकी को दंड देने का निश्चय कर चुके थे।

(*iv*) सभी काकी से घृणा करते थे।

(च) 'थोड़ी-सी वर्षा ठंडक के स्थान पर गरमी पैदा कर देती है।' पाठ के संदर्भ में इसका क्या अर्थ है?

(*i*) उत्सव के दिन थोड़ी-सी बारिश होने के बाद उमस हो गई थी।

(*ii*) काकी प्यार के बदले लाडली की मिठाई खा जाती थी।

(*iii*) रूपा काकी को पहले डाँटती थी, फिर प्यार करती थी।

(*iv*) थोड़ी-सी पूड़ियों ने काकी की क्षुधा को और उत्तेजित कर दिया था।

## भाषा ज्ञान

दो शब्दों के मेल से उत्पन्न विकार को **संधि** कहते हैं। संधि तीन प्रकार की होती है–

(1) स्वर संधि (2) विसर्ग संधि (3) व्यंजन संधि

संधियुक्त शब्दों को अलग करना **संधि-विच्छेद** कहलाता है।

**1. नीचे दिए शब्दों का संधि-विच्छेद कीजिए–**

| | | | | |
|---|---|---|---|---|
| पुनरागमन | = | पुनः | + | आगमन |
| रसास्वादन | = | ........................ | + | ........................ |
| यद्यपि | = | ........................ | + | ........................ |
| स्वादेंद्रियाँ | = | ........................ | + | ........................ |

कंठावरुद्ध = .................... + ....................

सदिच्छाएँ = .................... + ....................

**2. नीचे दिए शब्दों से भाववाचक संज्ञा बनाइए–**

| | | | |
|---|---|---|---|
| बूढ़ा – | बुढ़ापा.................... | बच्चा – | .................... |
| बेचैन – | .................... | कठिन – | .................... |
| व्याकुल – | .................... | निर्लज्ज – | .................... |
| अनुकूल – | .................... | अधीर – | .................... |

**3. नीचे दिए शब्दों से उपसर्ग और प्रत्यय अलग करके लिखिए–**

| | | मूल शब्द | | प्रत्यय |
|---|---|---|---|---|
| स्वाभाविक | = | .................... | + | .................... |
| मसालेदार | = | .................... | + | .................... |
| दीनता | = | .................... | + | .................... |
| वार्षिक | = | .................... | + | .................... |
| कठिनाई | = | .................... | + | .................... |

| | | उपसर्ग | | मूल शब्द |
|---|---|---|---|---|
| संपूर्ण | = | .................... | + | .................... |
| विद्वेष | = | .................... | + | .................... |
| अतिरिक्त | = | .................... | + | .................... |
| अत्यंत | = | .................... | + | .................... |
| प्रबल | = | .................... | + | .................... |

## कहानी से आगे

- यदि काकी भतीजे की बातों में आकर सारी संपत्ति उसके नाम न करती तो क्या होता? फिर कहानी क्या बनती? सोचकर बताइए।
- यदि बूढ़ी काकी के द्वारा बुद्धिराम और उसकी पत्नी रूपा के दुर्व्यवहार की शिकायत पंचायत में कर दी जाती तो क्या होता?
- यदि लाडली बूढ़ी काकी के लिए पूड़ियाँ लेने हेतु रूपा को जगा देती तो क्या होता?

## कुछ करने को

- प्रेमचंद की कहानियों का संग्रह कीजिए। उनमें से जो कहानी आपको सबसे अच्छी लगे, उसे कक्षा में सुनाइए।
- 'बुढ़ापा बचपन का पुनरागमन होता है।' यह बात कहाँ तक सही है? अपने आस-पास के वृद्ध लोगों से पता लगाइए और कक्षा में बताइए।
- किसी वृद्धाश्रम में जाकर वहाँ रहने वालों से बातचीत कीजिए और अपने अनुभव कक्षा में सुनाइए।

## नन्हे हाथों से

- चित्र को देखकर एक अनुच्छेद लिखिए।

..............................................................................

..............................................................................

..............................................................................

..............................................................................

..............................................................................

..............................................................................

..............................................................................

..............................................................................

..............................................................................

..............................................................................

..............................................................................

..............................................................................

## आप क्या करेंगे?

- यदि आपके पड़ोस में किसी वृद्ध से उपेक्षित व्यवहार किया जा रहा हो तो आप क्या करेंगे?
- यदि कोई वृद्ध सड़क पार करने में स्वयं को असमर्थ महसूस कर रहा हो तो आप क्या करेंगे?

# 17 हिमालय की बेटियाँ

केवल पढ़ने के लिए

अभी तक मैंने उन्हें दूर से देखा था। बड़ी गंभीर, शांत और अपने-आप में खोई हुई लगती थीं। वे संभ्रांत महिला की भाँति प्रतीत होती थीं। उनके प्रति मेरे दिल में आदर और श्रद्धा के भाव थे! मैं माँ, दादी, मौसी और मामी की गोद की तरह उनकी धाराओं में डुबकियाँ लगाया करता।

परंतु इस बार जब मैं हिमालय के कंधे पर चढ़ा तो वे कुछ और रूप में सामने थीं। मैं हैरान था कि यही दुबली-पतली गंगा, यही यमुना, यही सतलुज समतल मैदानों में उतरकर विशाल कैसे हो जाती हैं! इनका उछलना और कूदना, खिलखिलाकर लगातार हँसते जाना, इनकी यह भाव-भंगिमा, इनका यह उल्लास कहाँ गायब हो जाता है मैदानों में जाकर!

कहाँ भागी जा रही हैं ये? वह कौन-सा लक्ष्य है जिसने इन्हें बेचैन कर रखा है। अपने महान पिता का विराट प्रेम पाकर भी इनका हृदय अतृप्त ही है। बरफ़ से ढकी पहाड़ियाँ, छोटे-छोटे पौधों से भरी घाटियाँ, बंधुर अधित्यकाएँ, सरसब्ज़ उपत्यकाएँ। ऐसा है इनका लीला निकेतन! खेलते-खेलते जब ये ज़रा दूर निकल जाती हैं तो देवदार, चीड़, सरो, चिनार, सफ़ेदा और कैल के जंगलों में पहुँचकर शायद इन्हें बीती बातें याद करने का मौका मिल जाता होगा! कौन जाने, बुड्ढा हिमालय अपनी इन नटखट बेटियों के लिए कितना सिर धुनता होगा! बड़ी-बड़ी चोटियों से जाकर पूछिए तो उत्तर में विराट मौन के सिवाय उनके पास और रखा ही क्या है!

सिंधु और ब्रह्मपुत्र—ये ऐसे दो नाम हैं जिनको सुनते ही रावी, सतलुज, व्यास, चनाब, झेलम, काबुल (कुंभा), कपिशा, गंगा, यमुना, सरयू, गंडक, कोसी आदि

हिमालय की सभी छोटी-बड़ी बेटियाँ आँखों के सामने नाचने लगती हैं। वास्तव में, सिंधु और ब्रह्मपुत्र स्वयं कुछ नहीं हैं। दयालु हिमालय के पिघले हुए दिल की एक-एक बूँद न जाने कब से इकट्ठा हो-होकर इन दो महानदियों के रूप में समुद्र की ओर प्रवाहित होती रही है। कितना सौभाग्यशाली है वह समुद्र जिसे पर्वतराज हिमालय की इन दो बेटियों का हाथ पकड़ने का अवसर मिला!

जिन्होंने मैदानों में ही इन नदियों को देखा होगा, उनके ख्याल में शायद ही यह बात आ सके कि बूढ़े हिमालय की गोद में बच्चियाँ बनकर ये कैसे खेला करती हैं! वह रूप मुझे तो ऐसा लुभावना प्रतीत हुआ कि हिमालय को ससुर और समुद्र को उसका दामाद कहने में कुछ भी झिझक नहीं होती है।

कालिदास के विरही यक्ष ने मेघदूत से कहा था—वेत्रवती (बेतवा) नदी को प्रेम का प्रतिदान देते जाना, तुम्हारी प्रेयसी तुम्हें पाकर अवश्य ही प्रसन्न होगी। यह बात इन चंचल नदियों को देखकर मुझे अचानक याद आ गई और सोचा कि शायद उस महाकवि को भी नदियों का सचेतन रूप पसंद था। दरअसल, जो भी कोई नदियों को पहाड़ी घाटियों और समतल मैदानों में जुदा-जुदा शक्लों में देखेगा, वह इसी नतीजे पर पहुँचेगा।

काका कालेलकर ने नदियों को 'लोकमाता' कहा है। माता बनने से पहले यदि हम इन्हें बेटियों के रूप में देख लें तो क्या हर्ज है! थोड़ा और आगे चलिए... इन्हीं में अगर हम प्रेयसी की भावना भरें तो कैसा रहेगा! ममता का एक धागा और भी है, जिसे हम इनके साथ जोड़ सकते हैं। बहन का स्थान कितने ही कवियों ने इन नदियों को दिया है। एक दिन मेरी भी ऐसी भावना हुई थी। थो-लिङ् (तिब्बत) की बात है। मन उचट गया था, तबीयत ढीली थी। सतलुज के किनारे जाकर बैठ गया। दोपहर का समय था। पानी में पैर लटका दिए। थोड़ी ही देर में उस प्रगतिशील जल ने असर डाला। तन और मन ताज़ा हो गया तो मैं गुनगुनाने लगा—

जय हो सतलज बहन तुम्हारी
लीला अचरज बहन तुम्हारी
हुआ मुदित मन हटा खुमारी
जाऊँ मैं तुम पर बलिहारी
तुम बेटी यह बाप हिमालय
चिंतित पर, चुपचाप हिमालय
प्रकृति नटी के चित्रित पट पर
अनुपम अद्‌भुत छाप हिमालय
जय हो सतलज बहन तुम्हारी!

—नागार्जुन

# 18 प्राकृतिक आपदाएँ

आधुनिकता की दौड़ में सरपट दौड़ता आज का मानव यह नहीं जानता कि वह कहाँ जा रहा है? अपने आराम व सुख-सुविधाओं के साधन जुटाने में वह प्रकृति के साथ किस हद तक छेड़छाड़ कर बैठा है, यह सर्वविदित है। प्रकृति विधाता की एक संयमित और संतुलित रचना है जिसके रहस्यों को आज भी मानव मुँह बाए खड़ा देखता रहता है। प्रकृति के नियमन का अनुमान इसी बात से लगाया जा सकता है कि जीवन में ताप की अनिवार्यता होते हुए भी प्रकृति उसका विलक्षण ढंग से नियमन करती है। सूर्य से निकली पराबैंगनी (अल्ट्रावॉयलेट) किरणों का केवल दो अरबवाँ भाग ही पृथ्वी तक पहुँच पाता है। शेष ताप को पृथ्वी और अंतरिक्ष के बीच वायुमंडल की परतें और वाष्पकण रोक लेते हैं। यदि प्रकृति ऐसा न करे तो सूर्य, जिसके केंद्र का तापमान डेढ़ करोड़ डिग्री सेल्सियस है उसके ताप का कुछ भाग भी पृथ्वी तक पहुँच जाए तो हमारी पृथ्वी राख के ढेर में परिवर्तित हो जाए।

स्वयं को पृथ्वी का सर्वश्रेष्ठ जीव मानने वाला मनुष्य सब कुछ जानते हुए भी प्रकृति के साथ अज्ञानियों जैसा व्यवहार कर रहा है। पिछले कुछ दशकों से उसने प्रकृति के संतुलन को इतना बिगाड़ दिया है कि उसके असंतुलन से फैली भयावहता चहुँ ओर दिखाई दे रही है। प्रकृति के जिस महाप्रकोप का सामना आज मानव कर रहा है,

**शिक्षण संकेत**

- बच्चों को ग्लोबल वार्मिंग के बारे में जानकारी दें। उन्हें इसके कारणों व परिणामों के बारे में भी बताएँ।
- ग्लेशियर क्या होते हैं? उनके पिघलने के कारण और उसके खतरों से बच्चों को अवगत कराएँ।
- बच्चों को प्राकृतिक आपदाओं से निपटने के लिए थोड़ी-बहुत सावधानियाँ और तत्काल उपलब्ध सहायता के बारे में भी जानकारी दें।

वह है– भूमंडलीय तापन अर्थात ग्लोबल वार्मिंग। पृथ्वी के दिनों-दिन बढ़ते हुए तापमान को 'ग्लोबल वार्मिंग' कहा जाता है। ग्लोबल वार्मिंग के प्रमुख कारण हैं– वनों का कटना और औद्योगीकरण के कारण अत्यधिक मात्रा में कार्बन डाइऑक्साइड का उत्सर्जन होना। कारखाने अत्यधिक मात्रा में कार्बन डाइऑक्साइड उगल रहे हैं और वन जो प्राणरूपी वायु का उत्सर्जन करते हैं, मनुष्यों द्वारा बढ़ती आबादी की सुविधा हेतु काटे जा रहे हैं। कार्बन डाइऑक्साइड ही नहीं वरन अन्य जहरीली गैसें भी धरती के तापमान को बढ़ाने में अपना सहयोग दे रही हैं। मीथेन, नाइट्रस ऑक्साइड आदि गैसें जिन्हें ग्रीन हाउस गैस भी कहा जाता है, ताप को सोखकर उसका घनत्व बढ़ा देती हैं। ये ग्रीन हाउस गैसें पृथ्वी की ओज़ोन परत को क्षति पहुँचाती हैं।

ओज़ोन परत प्रकृति की वह सुरक्षा परत है जो सूर्य की पराबैंगनी किरणों को धरती पर सीधे गिरने से रोकती है। इसके कारण हमारी पृथ्वी राख का ढेर बनने से बची रहती है। ओज़ोन परत में एक बड़ा-सा छेद हो गया है जिसके कारण पृथ्वी के तापमान में वृद्धि हो रही है। यद्यपि वैज्ञानिक इस छेद को कम करने के लिए प्रयासरत हैं परंतु अभी इसमें सफलता की संभावना कम ही लग रही है।

पृथ्वी के तापमान में वृद्धि का एक और नुकसान संसार के समक्ष खड़ा है, वह है– ग्लेशियरों का पिघलना। ग्लेशियरों के पिघलने से समुद्र का जल-स्तर बढ़ जाएगा और अनेक देश जो समुद्र के किनारे बसे हैं या टापू के रूप में हैं, जल-समाधि ले लेंगे। वर्ष 2050 तक 20 करोड़ लोग जो समुद्र के किनारे बसे हैं, उन्हें विस्थापित होना पड़ेगा। समुद्र का जल-स्तर बढ़ने का सबसे अधिक असर एशिया और अफ्रीका महाद्वीप पर पड़ेगा। बंगाल की खाड़ी में समुद्र का स्तर 3.14 मिमी की वार्षिक रफ़्तार से बढ़ रहा है जबकि संसार में इसका औसत 2.2 मिमी है। एक रिपोर्ट के अनुसार, सन 2100 तक पृथ्वी का तापमान 1.1°C से 6.6°C तक बढ़ जाएगा जबकि समुद्र का जल-स्तर 18 सेमी. से 59 सेमी. तक ऊँचा उठ जाएगा।

जलवायु में हो रहे वैश्विक परिवर्तनों के चलते विश्व मौसम विज्ञान संगठन (डब्ल्यूएमओ) एवं संयुक्त राष्ट्र संघ के पर्यावरण कार्यक्रम (यूएनईपी) के तत्वावधान में 1988 में इंटरगवर्नमेंटल पैनल ऑन क्लाइमेट चेंज (आईपीसीसी) के नाम से एक वैज्ञानिक दल का गठन किया गया। यह दल तीन समूहों एवं एक टास्क फोर्स के माध्यम से परिवर्तन के वैज्ञानिक पक्ष का आकलन करता है। द्वितीय समूह जलवायु परिवर्तन की सामाजिक, आर्थिक व प्राकृतिक प्रणाली पर ध्यान रखते हुए इसके सकारात्मक व नकारात्मक परिणामों का आकलन करता है। तृतीय समूह का कार्य बढ़ती हुई ग्रीन हाउस गैसों की मात्रा को कम करने हेतु सुझाव प्रस्तुत करना एवं जलवायु परिवर्तन के दुष्प्रभावों को कम करने के उपाय खोजना है। जबकि टास्क फोर्स आईपीसीसी के नेशनल ग्रीन हाउस गैस इनवेंट्रीज प्रोग्राम (एनजीआईपी) की मॉनिटरिंग का कार्य करती है। प्रथम समूह इनके द्वारा उपलब्ध आँकड़ों के आधार पर रिपोर्ट तैयार करता है। आईपीसीसी की प्रतिवर्ष होने वाली बैठक में विभिन्न कार्यों की समीक्षा की जाती है एवं भविष्य के लिए पृष्ठभूमि तैयार की जाती है। विश्व को सावधान करने एवं बचाने के कार्यों हेतु आईपीसीसी संस्था को वर्ष 2007 का नोबेल पुरस्कार प्रदान किया गया था।

प्रकृति से छेड़छाड़ के बाद आने वाली प्राकृतिक आपदाएँ यद्यपि विकासशील या विकसित देशों में भेदभाव नहीं करतीं तथापि जब विनाश पर उतर आती हैं तो विनाश का वो तांडव दिखाती हैं कि अपने-आपको अति आधुनिक मानने

वाला मानव और उसकी सोच बौनी पड़ जाती है। जलवायु परिवर्तन के कारण अमेरिका जैसे विकसित देशों को भी जंगल की आग और सुनामी जैसी आपदाओं से दो-चार होना पड़ता है। विकसित देश इन आपदाओं से इतने अधिक भयभीत नहीं हैं क्योंकि वहाँ का आपदा प्रबंधन इतना मज़बूत है कि तुरंत सुरक्षा व सुविधा उपलब्ध करवा देता है और जान-माल के अधिक नुकसान से बचा लेता है।

प्राकृतिक आपदाएँ विकसित देशों की तुलना में विकासशील देशों, विशेषकर भारत जैसे देश के लिए भयावह मंज़र प्रस्तुत करती हैं। यहाँ का आपदा प्रबंधन अभी इतना सधा हुआ नहीं है कि अपनी कार्यक्षमता व कुशलता से इन आपदाओं को ठेंगा दिखा सके। प्रतिवर्ष वर्षा के मौसम में बाढ़ उत्तर प्रदेश और बिहार जैसे प्रदेशों में तांडव करती रहती है। यद्यपि भारत का मौसम विभाग अपने आँकड़ों के द्वारा भविष्यवाणी करता रहता है परंतु उनका सही उपयोग नहीं हो पाता।

16 जून, 2013 को उत्तराखंड में घटित प्राकृतिक आपदा ने दिखा दिया कि अभी भारत को ऐसी आपदाओं से निपटने के लिए कितने प्रयासों की आवश्यकता है क्योंकि इसरो द्वारा समय पर की गई सटीक भविष्यवाणी भी कोई लाभ नहीं दे पाई। उत्तराखंड को ऐसी भयंकर त्रासदी से गुजरना पड़ा कि चारों ओर भयंकर तबाही का मंज़र दिखाई देने लगा। चारों ओर लाशों के ढेर लग गए– क्या इंसान क्या जानवर, बड़ी-बड़ी चट्टानें जो पहाड़ के रूप में अडिग थीं, पानी के आगे उनकी एक न चली। सब-के-सब तिनके के समान बहते नज़र आए। सब से अधिक जान-माल का नुकसान केदार घाटी में हुआ। केदारनाथ मंदिर के अंदर और बाहर लाशों के ढेर लग गए। हमारे देश का आपदा प्रबंधन उस समय बिलकुल लाचार और अपाहिज की भाँति खड़ा रहा। सरकारी एजेंसियाँ, एनजीओ आदि में तालमेल का न होना भी आपदा प्रबंधन के फेल होने का प्रमुख कारण रहा। वह तो भला हो उन जांबाज़ सिपाहियों का जिन्होंने देश के लगभग एक लाख लोगों को वहाँ से सकुशल निकाल लिया। यद्यपि इस कार्य में उन्हें लगभग बीस दिन लगे पर सेना के जवानों ने बड़ी हिम्मत और मुस्तैदी से बचाव अभियान चलाया। ऐसी-ऐसी जगहों पर फँसे हुए लोगों को बचाया जहाँ पहुँच पाना कल्पना से परे लग रहा था। जो लोग वहाँ फँसे हुए थे वे बचने की सारी उम्मीदें खो चुके थे और स्वयं को मृत्यु का ग्रास बनने हेतु छोड़ चुके थे। ऐसे में मसीहा बनकर देश के फौजियों ने उन्हें सकुशल सुरक्षित स्थानों पर पहुँचाया। यदि हमारे जांबाज़ सिपाही आगे नहीं आते तो मरने वालों की संख्या लाखों तक पहुँच सकती थी। धन्य हैं वे वीर सपूत और धन्य हैं वे माताएँ जिन्होंने ऐसे सपूतों को जन्म दिया जो अपनी जान की बाज़ी लगाकर भी देश की सेवा करते रहे।

उत्तराखंड में यह त्रासदी बादल फटने के कारण हुई। उत्तराखंड में बादल फटने की घटनाएँ अनेक बार हुई हैं। इस कारण भूस्खलन भी होते हैं पर इतने बड़े पैमाने पर जान-माल की हानि होगी, यह कोई सोच भी नहीं सकता था। बादल फटने की यह घटना प्राकृतिक आपदा अवश्य है पर हम सभी इसके जिम्मेदार हैं। लाखों सैलानी प्रतिवर्ष पहाड़ों पर घूमने जाते हैं। ग्रीष्मावकाश के समय पहाड़ों पर सैलानियों की संख्या सबसे अधिक होती है। यद्यपि वे वहाँ प्रकृति का आनंद लेने जाते हैं लेकिन अनजाने ही ग्लोबल वार्मिंग को बढ़ाने का कार्य कर देते हैं क्योंकि सैलानी पहाड़ों पर पैदल चलकर तो जाते नहीं, उन्हें गंतव्य तक पहुँचाने के लिए असंख्य गाड़ियाँ रात-दिन वहाँ दौड़ती रहती हैं जो भारी मात्रा में कार्बन उत्सर्जित कर वहाँ के तापमान में वृद्धि करती हैं। इसी कारण हिमालय के ग्लेशियर पिघल रहे हैं। इसके अलावा

कार्बन डाइऑक्साइड बर्फ़ को जमने नहीं देती। यह भी पहाड़ों पर बर्फ़ के न टिकने का एक कारण है। पहाड़ों पर होने वाली बर्फ़बारी पिघलकर निचले क्षेत्रों में बाढ़ की स्थिति पैदा करती है। बादल विस्फोट जैसी घटनाएँ भी मानवीय भूलों का परिणाम हैं। अत्यधिक कार्बन उत्सर्जन के कारण जलवायु सघनता इतनी बढ़ जाती है कि बादल फटकर भूस्खलन जैसी घटनाओं का कारण बनते हैं जिसके कारण वहाँ की परिवहन और संचार-व्यवस्था अस्त-व्यस्त हो जाती है। पूरे-के-पूरे गाँव पानी में बह जाते हैं और उनका नामोनिशान तक मिट जाता है।

भारत को यदि विकसित देशों की श्रेणी में आना है तो उसे कार्बन उत्सर्जन में तो कमी करनी ही होगी, साथ ही उसे अपना आपदा प्रबंधन-तंत्र भी मज़बूत करना होगा। भारत में कई प्रकार के विभाग प्राकृतिक आपदाओं से निपटने हेतु बनाए गए हैं; जैसे- *भारतीय मौसम विज्ञान विभाग-* चक्रवातीय तूफ़ान और भूकंपों की निगरानी हेतु, *केंद्रीय जल आयोग-* बाढ़ जैसी आपदाओं से निपटने के लिए, *डिफेंस रिसर्च एंड डवलपमेंट संगठन-* परमाणु और जैविक दुर्घटनाओं के लिए और *डायरेक्टर जनरल ऑफ सिविल सप्लाई-* आपदा के समय बचाव, राहत तथा पुनर्वास कार्यों का समन्वय करता है। प्राकृतिक आपदाओं का मुकाबला करने का उत्तरदायित्व मुख्यत: राज्य सरकारों का होता है और केंद्रीय सरकार का कार्य मानवीय तथा आर्थिक सहायता प्रदान करना होता है। भारत में संयुक्त राष्ट्र आपदा प्रबंधन टीम (यू.एन.डिज़ास्टर मैनेजमेंट) कार्य करती है जिसमें अनेक संस्थाओं के सदस्य होते हैं; जैसे-एफएओ, आईएलओ, यूएनडीपी, यूएनएफपीए, यूएनआईसीईएफ, डब्ल्यूएफपी आदि। परंतु केवल आपदा प्रबंधन के गठन से ही कार्य पूर्ण नहीं हो जाता। इन संगठनों में आपसी तालमेल होना भी ज़रूरी है जिसका अभाव उत्तराखंड जैसी देवभूमि में देखने को मिला।

प्रकृति में **ध्वंस** और निर्माण की प्रक्रिया चलती रहती है परंतु मानव प्रकृति के हाथों की कठपुतली बनकर न रह जाए, इसके लिए उसे ठोस कदम उठाने पड़ेंगे। प्रकृति से छेड़छाड़ करके, उसके प्रकोप से बचने के लिए उसे अपने रहन-सहन और कार्यप्रणाली पर पूरा ध्यान देना होगा। मानव को अपने **अस्तित्व** को बचाने और पृथ्वी का विनाश रोकने के लिए कारगर कदम उठाने ही होंगे, नहीं तो अनेक प्रजातियाँ जो विलुप्त हो चुकी हैं उनमें एक दिन मानव का नाम भी सम्मिलित हो सकता है।

## शब्दार्थ

| | | | | | |
|---|---|---|---|---|---|
| **संयमित** | – | संयम में बंधा हुआ | **संतुलित** | – | बल, भार, फैलाव आदि में बराबर, जिनमें संतुलन हो |
| **नियमन** | – | नियंत्रण, नियम में बाँधने का कार्य | **उत्सर्जन** | – | त्याग करना, छोड़ना |
| **आकलन** | – | गिनना, पूर्वानुमान द्वारा गणना करना | **आपदाएँ** | – | संकट, आफ़त, मुसीबत |
| **मुस्तैदी** | – | कटिबद्धता, तेज़ी | **त्रासदी** | – | दुखांत घटना |
| **भूस्खलन** | – | भूखंडों का खिसकना | **ध्वंस** | – | विनाश |
| **अस्तित्व** | – | सत्ता, विद्यमान होना | | | |

# संकलनात्मक एवं रचनात्मक मूल्यांकन

## मौखिक

1. **पढ़िए और बोलिए–**

अल्ट्रावॉयलेट     किरणें     सर्वश्रेष्ठ     औद्योगीकरण     वैज्ञानिक

2. **सोचकर बताइए–**

(क) प्रकृति का नियमन क्यों आवश्यक है?

(ख) समुद्र का जल-स्तर बढ़ने के क्या कारण हैं?

(ग) प्राकृतिक आपदाएँ विकासशील देशों को ही अधिक नुकसान क्यों पहुँचाती हैं?

## लिखित

1. **नीचे दिए प्रश्नों के उत्तर शब्दों में दीजिए–**

(क) सूर्य की किरणों का कौन-सा भाग पृथ्वी तक पहुँच पाता है? ..............................

(ख) सूर्य के केंद्र का तापमान कितना है? ..............................

(ग) मानव को किसके प्रकोप का सामना करना पड़ता है? ..............................

2. **नीचे दिए प्रश्नों के लघु उत्तर दीजिए–**

(क) ग्लोबल वार्मिंग किसे कहते हैं?

..............................................................................

..............................................................................

(ख) ओज़ोन परत क्या है? यह हमारी रक्षा कैसे करती है?

..............................................................................

..............................................................................

(ग) ग्रीन हाउस गैसें कौन-सी हैं? ये हमारे लिए किस प्रकार हानिकारक हैं?

..............................................................................

..............................................................................

(घ) ग्लेशियरों के पिघलने का धरती पर क्या प्रभाव पड़ेगा?

..............................................................................

..............................................................................

3. **नीचे दिए प्रश्नों के दीर्घ उत्तर के उपाय दीजिए–**

(क) ग्लोबल वार्मिंग के कारण और निवारण के उपाय बताइए।

..................................................................................................

..................................................................................................

..................................................................................................

..................................................................................................

(ख) आईपीसीसी क्या है? यह किस प्रकार कार्य करता है?

..................................................................................................

..................................................................................................

..................................................................................................

..................................................................................................

(ग) 'उत्तराखंड त्रासदी-2013' में भारतीय सेना के जवानों की भूमिका का वर्णन कीजिए।

..................................................................................................

..................................................................................................

..................................................................................................

..................................................................................................

(घ) प्राकृतिक आपदाओं से निपटने के लिए भारत में कौन-कौन से संगठन कार्यरत हैं? उनकी कार्यप्रणाली का वर्णन कीजिए।

..................................................................................................

..................................................................................................

..................................................................................................

..................................................................................................

4. **नीचे दिए प्रश्नों के उपयुक्त उत्तर पर (✓) का चिह्न लगाइए–**

(क) पृथ्वी के बढ़ते तापमान को क्या कहते हैं?

(*i*) जल-वाष्पीकरण ☐ (*ii*) ग्लोबल वार्मिंग ☐

(*iii*) कार्बनीकरण ☐ (*iv*) जल-चक्र ☐

(ख) आईपीसीसी संस्था को नोबेल पुरस्कार से कब सम्मानित किया गया?

(*i*) 2002 में ☐ (*ii*) 2005 में ☐

(*iii*) 2007 में ☐ (*iv*) 2009 में ☐

(ग) सन 2013 में बादल फटने से कौन-से राज्य में हज़ारों लोग मारे गए?

(*i*) जम्मू-कश्मीर ☐ (*ii*) उत्तर प्रदेश ☐

(*iii*) हिमाचल प्रदेश ☐ (*iv*) उत्तराखंड ☐

(घ) सन 2100 तक समुद्र के जल-स्तर में कितनी वृद्धि का अनुमान लगाया गया है?

(*i*) 18 से 59 सेमी. ☐ (*ii*) 20 से 30 सेमी. ☐

(*iii*) 10 से 15 सेमी. ☐ (*iv*) 30 से 90 सेमी. ☐

## भाषा ज्ञान

**1. नीचे दिए शब्दों के विलोम शब्द लिखिए–**

संयमित – .................................. उत्सर्जन – ..................................

कुशल – .................................. व्यवस्था – ..................................

संतुलित – .................................. सकारात्मक – ..................................

सुरक्षित – .................................. विनाश – ..................................

**2. नीचे दिए शब्दों से प्रत्यय अलग करके लिखिए–**

प्राकृतिक – .......................... + .......................... आधुनिक – .......................... + ..........................

वैज्ञानिक – .......................... + .......................... विकसित – .......................... + ..........................

सामाजिक – .......................... + .......................... ऐतिहासिक – .......................... + ..........................

आर्थिक – .......................... + .......................... वार्षिक – .......................... + ..........................

**3. नीचे दिए शब्दों के तद्भव रूप लिखिए–**

सूर्य – .................................. धरा – ..................................

उच्च – .................................. आम्र – ..................................

गृह – .................................. छिद्र – ..................................

ग्राम – .................................. अग्नि – ..................................

> जो शब्द संस्कृत भाषा से कुछ परिवर्तित होकर हिंदी भाषा में आए हैं, उन्हें तद्भव शब्द कहते हैं; जैसे– दधि का तद्भव दही है।

## निबंध से आगे

- यदि विज्ञान इतना विकास कर ले कि बादलों को अपनी इच्छानुसार कहीं भी भेज सके तो क्या सूखे और बाढ़ जैसी स्थितियों को रोका जा सकेगा? कल्पना के आधार पर उत्तर दीजिए।
- यदि भारत का आपदा प्रबंधन सुदृढ़ हो जाए तो क्या प्राकृतिक आपदाओं को रोका जा सकता है?

## नन्हे हाथों से

- **इस वर्ष विश्व में घटी किसी प्राकृतिक आपदा के बारे में संक्षेप में लिखिए।**
- **रंग भरिए–**

## कुछ करने को

- आपदा प्रबंधन के बारे में जानकारी प्राप्त कीजिए और एक परियोजना बनाइए।
- अध्यापक/अध्यापिका की सहायता से एक ऐसा नाटक तैयार करके उसका मंचन कीजिए जिसमें प्राकृतिक आपदा के समय आपदा प्रबंधन ठीक प्रकार से बचाव कार्यों में लगा हो।

## आप क्या करेंगे?

- यदि आपके सामने आपके घर या विद्यालय के आस-पास कोई इमारत ढह जाए तो आप क्या करेंगे?
- यदि आपके समक्ष कोई बच्चा खेलते-खेलते किसी गंदे नाले या मेनहोल में गिर जाए तो आप क्या करेंगे?

# 19 सच्ची तीर्थयात्रा

बहुत समय पहले की बात है। रूस के एक गाँव में एफिम और एलिशा नाम के दो व्यक्ति रहते थे। दोनों घनिष्ठ मित्र थे। एफिम धनवान था पर एलिशा अपने मित्र की तरह संपन्न नहीं था। वह मधुमक्खियों को पालकर अपने परिवार का निर्वाह करता था। उसका स्वभाव बहुत अच्छा था। वह सबके साथ मिल-जुलकर रहता था।

दोनों मित्र येरुशलम जाना चाहते थे। अनेक बार जाने का कार्यक्रम तय किया गया पर एफिम को किसी-न-किसी कार्य की वजह से कार्यक्रम स्थगित करना पड़ता था। एक कार्य पूरा होता तो दूसरा शुरू हो जाता था। इस प्रकार कई वर्ष बीत गए। एलिशा ने सोचा कि इस तरह तो येरुशलम कभी नहीं जा पाएँगे। तब दोनों मित्रों ने तय किया कि चाहे कुछ भी हो, अब येरुशलम अवश्य जाएँगे। यह सोचकर दोनों ने एक दिन निश्चित किया और यात्रा पर निकल पड़े।

यात्रा पर जाते समय एफिम ने अपने साथ बहुत सारा धन ले लिया लेकिन एलिशा ने उतना ही धन ले जाना उचित समझा जितना यात्रा के लिए आवश्यक था। यात्रा पर जाने से पहले एफिम ने अपने पुत्र को प्रत्येक कार्य के लिए उचित निर्देश दिए जबकि एलिशा ने घर के मामलों की ओर कोई ध्यान नहीं दिया। वह निश्चिंत होकर तीर्थयात्रा के लिए चल पड़ा। एफिम के मन में शांति न थी, उसे अपने व्यवसाय और घर की चिंता खाए जा रही थी। मन में चिंता लिए वह घर से निकल पड़ा। तीर्थयात्रा को भी एक कार्य समझकर वह एलिशा के साथ येरुशलम के लिए चल दिया।

चलते-चलते दोनों एक गाँव में पहुँचे। उस गाँव में अनावृष्टि से त्राहि-त्राहि मची हुई थी। लोग भूख से मर रहे थे। रात बिताने के लिए दोनों मित्रों को कोई उचित जगह नहीं मिली तो वे एक झोंपड़ी की ओर चल दिए। उन्होंने झोंपड़ी का द्वार खटखटाया पर किसी ने द्वार नहीं खोला। झोंपड़ी के अंदर से कुछ लोगों के कराहने की आवाज़ें आ रही थीं। एलिशा ने द्वार को थोड़ा धकेला तो वह खुल गया। झोंपड़ी के अंदर का दृश्य रोंगटे खड़े कर देने वाला था। उसके अंदर दुर्गंध फैली हुई थी। एक स्त्री भूमि पर मरणासन्न पड़ी थी। उन्हें देखकर वह स्त्री बोली, "आप कौन हैं? क्या चाहते हैं? हमारे यहाँ कुछ भी नहीं है।"

तभी एक बच्चा आया और बोल उठा, "बाबा, हम भूखे हैं। हमें कुछ खाने को दो।" एक व्यक्ति लड़खड़ाता हुआ आया और गिर पड़ा। वह बोला, "हम भूख और रोग से मर रहे हैं। कृपया हमारी मदद कीजिए।" एलिशा ने अपना थैला खोला और उसमें से रोटी निकालकर लड़के को दी। लड़का क्षणभर में ही रोटी गटक गया। उसने थैले से कुछ और रोटियाँ निकालकर स्त्री और पुरुष को भी दीं। फिर पास के कुएँ से पानी लाकर उन्हें पिलाया।

एफिम को यह सब पसंद नहीं था। वह झोंपड़ी के बाहर ही बैठा रहा। वह वहाँ से जाने का इच्छुक था पर मित्र को छोड़कर नहीं जाना चाहता था। उसने एलिशा को समझाने का प्रयास किया– "मित्र, हम यहाँ रुके तो बीमार पड़ जाएँगे। हमें तो येरुशलम पहुँचना है, व्यर्थ में समय क्यों नष्ट करें? चलो यहाँ से, यह झोंपड़ी दुर्गंध से भरी पड़ी है।"

**शिक्षण संकेत**

- प्रस्तुत कहानी प्रसिद्ध रूसी लेखक लियो टॉलस्टॉय की कहानियों में से एक है।
- बच्चों को समझाएँ कि मानवता से बड़ा कोई गुण नहीं है। असहाय मनुष्यों की सेवा करना ही ईश्वर की सच्ची भक्ति है।

एलिशा ने कहा, "मित्र, आप जाइए। मैं इन लोगों को ऐसी दशा में छोड़कर नहीं जा सकता। जब तक इन लोगों में चलने-फिरने की हिम्मत नहीं आ जाती तब तक तो यहाँ से जाने का प्रश्न ही नहीं उठता।" एफिम के बार-बार कहने पर भी जब वह चलने को तैयार नहीं हुआ तो एफिम उसे छोड़कर अकेला ही चल दिया। मित्र के जाते ही एलिशा ने उन तीनों प्राणियों की सेवा करनी शुरू कर दी। उनके घर की साफ़-सफ़ाई करके खाना पकाया। घर के लिए ज़रूरी सामान खरीदकर लाया क्योंकि झोंपड़ी में कुछ भी नहीं था। उन्होंने पेट भरने के लिए घर का सारा सामान बेच दिया था। इस कार्य को करने में एलिशा को कई दिन लग गए। उसकी समझ में नहीं आ रहा था कि वह क्या करे? कभी वह सोचता कि येरुशलम के लिए चल देना चाहिए पर उन लोगों की दशा देखकर उसका दिल भर आता था। उसकी सेवा से धीरे-धीरे उन तीनों प्राणियों में शक्ति आ गई। अतः एलिशा वहीं रुक गया।

उसने उन लोगों के लिए एक गाय, खेत में बोने के लिए बीज और अगली फसल तक के लिए अनाज खरीदकर रख दिया। जब वे लोग बिलकुल ठीक हो गए तो एक रात जब सभी सो रहे थे तो वह चुपचाप वहाँ से निकल गया। उसके सारे रुपए समाप्त हो गए थे इसलिए वह येरुशलम जाने की बजाय घर की ओर चल दिया।

जब वह घर पहुँचा तो उसे देखकर परिवार के सारे सदस्य प्रसन्न हो गए। उन्होंने पूछा, "आप येरुशलम हो आए? एफिम कहाँ है?" एलिशा ने उनके सवालों का जवाब न देकर केवल इतना ही कहा, "शायद ईश्वर की इच्छा नहीं थी कि मैं वहाँ जाऊँ। मेरा सारा धन रास्ते में ही खर्च हो गया इसलिए मैं एफिम के साथ न जाकर वापस आ गया।" फिर वह अपने काम में लग गया।

उधर एफिम उस झोंपड़ी को छोड़ने के बाद येरुशलम की ओर चल दिया। वहाँ पहुँचकर वह प्रार्थना करने के लिए गिरजाघर गया। वहाँ बड़ी भीड़ थी। उसे सदैव अपने धन की चिंता लगी रहती थी। प्रार्थना के समय भी वह अपनी जेबें टटोलने में लगा रहता था। उसे डर था कि कहीं उसका धन चोरी न हो जाए। कोई उसकी जेब न काट ले। इस चिंता में वह प्रार्थना भी सही से नहीं कर पा रहा था।

गिरजाघर में काफी भीड़ थी। गिरजाघर के भीतरी भाग में हज़ारों दीप जल रहे थे। किसी भी तीर्थयात्री को वहाँ जाने की अनुमति न थी। परंतु दीपकों के पीछे एक अद्भुत दृश्य ने एफिम को आश्चर्यचकित कर दिया। उसे उस प्रकाश के बीच एक व्यक्ति की झलक दिखाई दी जो बिलकुल एलिशा की तरह था। वह सोच में पड़ गया कि एलिशा वहाँ कैसे पहुँच सकता है? उसने बड़े ध्यान से देखा तो विश्वास हो गया कि

वह एलिशा ही है। अपने मित्र को वहाँ देखकर उसे बड़ी प्रसन्नता हुई। वह सोचने लगा कि एलिशा कितना भाग्यशाली है जो उसे गिरजाघर के भीतरी भाग में जाने की अनुमति मिल गई। मैं भी उसकी मदद से वहाँ पहुँच सकता हूँ।

एफिम एलिशा की ओर देखता रहा। जब प्रार्थना समाप्त हुई तो भीड़ बाहर जाने लगी। अपने धन का विचार आते ही वह भीड़ के आगे-आगे चल दिया। बाहर आकर उसने एलिशा का इंतज़ार किया पर एलिशा नहीं आया। अगले दिन वह फिर गिरजाघर गया। उसे एलिशा फिर से गिरजाघर के भीतरी भाग में दीपकों के प्रकाश में नज़र आया जो पादरी की तरह हाथ फैलाए खड़ा था। प्रार्थना सभा के समाप्त होते ही एफिम बाहर आकर मित्र का इंतज़ार करने लगा पर वह नहीं आया। तीसरे दिन भी यही सिलसिला चलता रहा।

मित्र से न मिल पाने के कारण एफिम उदास हो गया और वापस घर की ओर चल दिया। रास्ते में वह उसी गाँव में पहुँचा जहाँ एलिशा झोंपड़ी में मरणासन्न लोगों की मदद के लिए रुका था। उसने उस झोंपड़ी के द्वार पर दस्तक दी। बुढ़िया ने दरवाजा खोला और स्वागत करते हुए बोली, "आइए बाबा, हमारे साथ ठहरिए और भोजन कीजिए। हम सदा यहाँ आने वाले यात्रियों की मदद करते हैं। हमारा जीवन एक यात्री के कारण ही बचा था। तब से हमने अपने जीवन का रंग-ढंग ही बदल दिया।" एफिम ने देखा कि वहाँ पहले जैसा कुछ भी नहीं था।

एफिम समझ गया कि वह बूढ़ी स्त्री किसकी बात कर रही है? जब एफिम ने जानना चाहा कि एलिशा कहाँ है तो उसने कहा, "मैं नहीं जानती कि वह कौन था– मनुष्य या देवदूत। वह हम सबसे प्रेम करता था, हम सब का जीवन उसी की देन है। वह यहाँ बिना बताए आया और बिना बताए ही चला गया। परमात्मा उसका भला करे!" बूढ़ी स्त्री ने एफिम को भोजन कराया और सोने के लिए स्थान दिया। एफिम विश्राम करने के लिए लेटा पर उसे नींद नहीं आई। उसको निरंतर एलिशा का ध्यान आता रहा। उसे ऐसा लगने लगा कि शायद ईश्वर ने उसकी तीर्थयात्रा स्वीकार नहीं की और एलिशा की तीर्थयात्रा अवश्य ही स्वीकार हुई है।

प्रातःकाल उठकर वह अपने गाँव की ओर चल दिया। गाँव पहुँचकर वह सबसे पहले एलिशा से मिलने पहुँचा। एलिशा उस समय अपनी मधुमक्खियों की देखभाल कर रहा था। एफिम को देखकर उसने प्रसन्नता से उसका स्वागत किया और पूछा, "आशा है कि आप येरुशलम की यात्रा सकुशल पूरी कर आए होंगे!"

एफिम बोला, "मित्र, मेरा तो केवल शरीर वहाँ पहुँचा था परंतु मेरी आत्मा वहाँ पहुँची है या नहीं, इसमें संदेह है। मुझे पूर्ण विश्वास है कि तुम्हारी आत्मा अवश्य वहाँ पहुँची है। मैंने तुम्हें गिरजाघर के भीतरी भाग में दीपकों के प्रकाश में खड़े देखा था। तुम्हीं सच्चे तीर्थयात्री और ईश्वर के प्रिय हो। मैं समझ गया हूँ कि मानव सेवा ही ईश्वर की सच्ची भक्ति है। दीन-दुखियों की सेवा ही सच्ची तीर्थयात्रा है।"

## शब्दार्थ

| | | | | | |
|---|---|---|---|---|---|
| **घनिष्ठ** | – | गहरा | **निर्वाह करना** | – | गुज़ारा करना |
| **अनावृष्टि** | – | सूखा | **दुर्गंध** | – | बदबू |
| **मरणासन्न** | – | मरने की हालत | **अनुमति** | – | आज्ञा |

## संकलनात्मक एवं रचनात्मक मूल्यांकन

### मौखिक

1. **पढ़िए और बोलिए—**

येरुशलम    मधुमक्खियों    तीर्थयात्रा    अनावृष्टि    गिरजाघर

2. **सोचकर बताइए—**

(क) एफिम और एलिशा तीर्थयात्रा पर क्यों नहीं जा पा रहे थे?

(ख) एलिशा झोंपड़ी में ही क्यों रुक गया?

(ग) एलिशा येरुशलम न जाकर घर क्यों लौट आया?

### लिखित

1. **नीचे दिए प्रश्नों के उत्तर शब्दों में दीजिए—**

(क) एफिम और एलिशा कहाँ जाना चाहते थे? ..........................

(ख) झोंपड़ी के अंदर क्या फैली हुई थी? ..........................

(ग) झोंपड़ी में कितने लोग थे? ..........................

(घ) गिरजाघर में खड़े एफिम को कौन-सा डर सता रहा था? ..........................

(ङ) एफिम को गिरजाघर के भीतरी भाग में कौन खड़ा हुआ दिखाई दिया? ..........................

2. **नीचे दिए प्रश्नों के लघु उत्तर दीजिए—**

(क) एलिशा और एफिम ने तीर्थयात्रा पर जाने से पहले क्या तैयारियाँ की?

..........................................................................................................

..........................................................................................................

(ख) झोंपड़ी के अंदर का दृश्य कैसा था?

..........................................................................................................

..........................................................................................................

(ग) एलिशा येरुशलम क्यों नहीं जा पाया?

..........................................................................................................

..........................................................................................................

(घ) एफिम ने गिरजाघर के भीतरी भाग में क्या देखा?

3. **नीचे दिए प्रश्नों के दीर्घ उत्तर दीजिए–**

(क) तीर्थयात्रा से लौटते समय एफिम को क्या बात समझ आई और क्यों?

(ख) निम्न पंक्तियों की व्याख्या कीजिए–

(*i*) 'मेरा तो केवल शरीर वहाँ पहुँचा था परंतु मेरी आत्मा वहाँ पहुँची या नहीं, इसमें संदेह है।'

(*ii*) 'मानव सेवा ही ईश्वर की सच्ची भक्ति है। दीन-दुखियों की सेवा ही सच्ची तीर्थयात्रा है।'

## भाषा ज्ञान

1. **नीचे दिए मुहावरों के अर्थ लिखकर वाक्य बनाइए–**

चेहरा उतर जाना –

दिल भर आना –

रोंगटे खड़े होना –

2. नीचे दिए वाक्यों में समुच्चयबोधक शब्दों पर ◯ लगाइए–

(क) पहले कुछ खा लो फिर खेलने चले जाना।

(ख) यदि परिश्रम करोगे तो सफलता अवश्य प्राप्त होगी।

(ग) एफिम और एलिशा घनिष्ठ मित्र थे।

(घ) बाज़ार से फल तथा मिठाइयाँ लेते आना।

3. नीचे दिए शब्दों का वर्ण-विच्छेद कीजिए–

कार्यक्रम – ..........................................................................

मरणासन्न – ..........................................................................

गिरजाघर – ..........................................................................

तीर्थयात्रा – ..........................................................................

## कहानी से आगे

- यदि आप एलिशा की जगह होते तो क्या करते?
- यदि एलिशा झोंपड़ी में नहीं रुकता तो क्या कहानी बनती? कल्पना के आधार पर उत्तर दीजिए।

## नन्हे हाथों से

- **'नर सेवा, नारायण सेवा' पर अपनी उत्तर पुस्तिका में निबंध लिखिए।**

## कुछ करने को

- किसी पुस्तकालय में जाकर टॉलस्टॉय की कहानियाँ पढ़िए।
- अध्यापक/अध्यापिका की सहायता से 'सच्ची तीर्थयात्रा' कहानी को नाटक में रूपांतरित कर उसका मंचन कीजिए।

## आप क्या करेंगे?

- यदि आपके समक्ष कोई मरणासन्न अवस्था में पड़ा हो और आपको अपने मित्रों के साथ कहीं घूमने जाना हो तो आप क्या करेंगे?

## क्या आप जानते हैं?

(क) कच्चे फलों को पकाने के लिए कौन-सी गैस प्रयोग में लाई जाती है?

(*i*) ऑक्सीजन (*ii*) ईथिलीन

(*iii*) हाइड्रोजन (*iv*) कार्बन डाईऑक्साइड

(ख) ऊनी कपड़ों की शुष्क धुलाई (Dry Cleaning) में कौन-सी गैस प्रयोग में लाई जाती है?

(*i*) मीथेन (*ii*) नाइट्रोजन

(*iii*) बैंजीन (*iv*) हाइड्रो कार्बन

(ग) लैंपों में प्रकाश उत्पन्न करने के लिए कौन-सी गैस प्रयोग में लाई जाती है?

(*i*) मीथेन (*ii*) एसीटिलीन

(*iii*) ऑक्सीजन (*iv*) बैंजीन

(घ) शुष्क बर्फ क्या है?

(*i*) ठोस कार्बन डाईऑक्साइड (*ii*) नाइट्रोजन

(*iii*) ऑक्सीजन (*iv*) हाइड्रॉक्साइड

(ङ) भोजन को पचाने में मदद करने वाला पित्त कहाँ से निकलता है?

(*i*) यकृत से (*ii*) छोटी आँत से

(*iii*) बड़ी आँत से (*iv*) हृदय से

(च) विटामिंस की खोज किसने की थी?

(*i*) हैनीमन ने (*ii*) कासमिर फंक ने

(*iii*) चार्ल्स डार्विन ने (*iv*) जार्ज पाइन

(छ) होम्योपैथी के संस्थापक कौन थे?

(*i*) चार्ल्स डार्विन (*ii*) होमी जहाँगीर भाभा

(*iii*) सैमुएल हैनीमन (*iv*) कासमिर फंक

(ज) महत्त्वपूर्ण जीवाणु प्रतिरोधक (एंटीबायोटिक) पेनिस्लिन की खोज किसने की थी?

(*i*) जॉन बमस्टेड (*ii*) जार्ज पाइन

(*iii*) मैरी क्यूरी (*iv*) अलेक्ज़ेंडर फ्लेमिंग

(झ) विश्व क्षय रोग दिवस कब मनाया जाता है?

(*i*) 24 मार्च (*ii*) 25 अप्रैल

(*iii*) 10 दिसंबर (*iv*) 26 जून

(ञ) विश्व उपभोक्ता अधिकार दिवस कब मनाया जाता है?

(*i*) 10 अप्रैल (*ii*) 15 मार्च

(*iii*) 1 जून (*iv*) 10 दिसंबर

यह सुनकर युधिष्ठिर कुछ पल सोच में डूब गए फिर बोले– "नकुल को जीवित कर दीजिए।"

युधिष्ठिर के यह कहते ही यक्ष उनके समक्ष प्रकट हो गया और बोला– "युधिष्ठिर! दस हज़ार हाथियों के बल वाले भीम को छोड़कर तुम नकुल को जीवित क्यों करना चाहते हो? भीम न सही अर्जुन को ही जीवित कर लो। उसके जैसा धनुर्धर पूरे संसार में नहीं है। तुम्हारी रक्षा में उसका युद्ध कौशल सदा काम आता रहा है और आगे भी काम आएगा।"

युधिष्ठिर ने कहा– "हे देव! मनुष्य की रक्षा न तो बली भीम कर सकता है और न ही धनुर्धर अर्जुन! धर्म ही एकमात्र ऐसा है जो मनुष्य की रक्षा करता है। धर्म से विमुख होने पर मनुष्य का नाश हो जाता है। मेरे पिता की दो पत्नियों में से कुंती माता का पुत्र मैं ही बचा हूँ और मैं चाहता हूँ कि माता माद्री का भी एक पुत्र जीवित रहे।"

पुत्र! मैं तुमसे अत्यधिक प्रसन्न हूँ। पक्षपात रहित तुम्हारे निर्णय को सुनकर मैं तुम्हारे चारों भाइयों को जीवित करता हूँ। यह कहकर यक्ष बने धर्मराज अपने वास्तविक रूप में आ गए। उन्होंने अपने पुत्र युधिष्ठिर को गले लगाकर कहा– "हे पुत्र! मैं तुम्हें देखकर अपनी आँखें तृप्त करना चाहता था और यह भी जानना चाहता था कि पृथ्वीलोक में मेरा पुत्र धर्म के मार्ग पर चलने में कितना निपुण है। तुमने मेरी दोनों इच्छाएँ पूर्ण कर दीं। तुम्हारा कल्याण हो!" यह कहकर धर्मराज अंतर्ध्यान हो गए। युधिष्ठिर सहर्ष अपने चारों भाइयों सहित अज्ञात स्थान की ओर प्रस्थान कर गए।

# 21 कर्मवीर

केवल पढ़ने के लिए

देख कर बाधा विविध, बहु विघ्न घबराते नहीं
रह भरोसे भाग्य के दुख भोग पछताते नहीं
काम कितना ही कठिन हो किंतु उकताते नहीं
भीड़ में चंचल बने जो वीर दिखलाते नहीं
हो गए एक आन में उनके बुरे दिन भी भले
सब जगह सब काल में वे ही मिले फूले फले।।
आज करना है जिसे करते उसे हैं आज ही
सोचते कहते हैं जो कुछ कर दिखाते हैं वही
मानते जो भी हैं सुनते हैं सदा सबकी कही
जो मदद करते हैं अपनी इस जगत में आप ही
भूल कर वे दूसरों का मुँह कभी तकते नहीं
कौन ऐसा काम है वे कर जिसे सकते नहीं।।
जो कभी अपने समय को यों बिताते हैं नहीं
काम करने की जगह बातें बनाते हैं नहीं
आज-कल करते हुए जो दिन गँवाते हैं नहीं
यत्न करने से कभी जो जी चुराते हैं नहीं
बात है वह कौन जो होती नहीं उनके लिए
वे नमूना आप बन जाते हैं औरों के लिए।।
चिलचिलाती धूप को जो चाँदनी देवें बना।
काम पड़ने पर करें जो शेर का भी सामना।
जो कि हँस-हँस के चबा लेते हैं लोहे का चना।
है कठिन कुछ भी नहीं जिनके है जी में यह ठना।
कोस कितने ही चलें पर वे कभी थकते नहीं।
कौन-सी है गाँठ जिसको खोल वे सकते नहीं।।

–अयोध्या सिंह उपाध्याय 'हरिऔध'

# प्रश्न-पत्र–1

**अपठित गद्यांश** **पूर्णांक-80**

## (खंड 'क')

**1. गद्यांश को पढ़कर नीचे दिए प्रश्नों के सही उत्तर पर (✓) लगाइए।** (5)

नीलकंठ ने अपने आपको चिड़ियाघर के जीव-जंतुओं का सेनापति और संरक्षक नियुक्त कर लिया था। सवेरे ही वह खरगोश, कबूतर आदि की सेना एकत्र कर उस ओर ले जाता जहाँ दाना दिया जाता था। फिर घूम-घूमकर मानो सब की रखवाली करता था। किसी ने गड़बड़ की तो अपने तीखे चंचु प्रहार से उसे दंड देने के लिए दौड़ पड़ता। खरगोश के छोटे बच्चों को वह चोंच से उनके कान पकड़कर ऊपर उठा लेता था और जब तक वे रोने-चीखने न लगते, उन्हें अधर में लटकाए रखता। दंड विधान के समान ही उन जीव-जंतुओं के प्रति उसका प्रेम भी असाधारण था। प्रायः वह मिट्टी में पंख फैलाकर बैठ जाता और वे सब उसकी लंबी पूँछ और सघन पंखों में छुआ-छुऔअल का खेल खेलते रहते थे।

(क) जीव-जंतुओं का संरक्षक कौन बन गया था?

..............................................................................................................

(ख) सुबह-सवेरे नीलकंठ क्या करता था?

..............................................................................................................

(ग) जब कोई गड़बड़ करता तो नीलकंठ क्या करता था?

..............................................................................................................

(घ) नीलकंठ खरगोश के छोटे बच्चों को कैसे दंड देता था?

..............................................................................................................

(ङ) जंतु छुआ-छुऔअल का खेल कहाँ खेलते थे?

..............................................................................................................

**2. काव्यांश को पढ़कर नीचे दिए प्रश्नों के उत्तर दीजिए।** (5)

आदमी का स्वप्न है वह बुलबुला जल का,
आज उठता और कल फिर फूट जाता है।
किंतु फिर भी धन्य, ठहरा आदमी ही तो,
बुलबुलों से खेलता, कविता बनाता है।
मनु नहीं, मनु-पुत्र है यह सामने, जिसकी

कल्पना की जीभ में भी धार होती है।
बाण ही होते विचारों के नहीं केवल,
स्वप्न के हाथ में तलवार होती है।

(क) आदमी का स्वप्न क्या है?

..............................................................................................................

(ख) किसकी कल्पना की जीभ में भी धार होती है?

..............................................................................................................

(ग) आदमी को धन्य क्यों कहा गया है?

..............................................................................................................

(घ) मनु-पुत्र की क्या विशेषताएँ बताई गई हैं?

..............................................................................................................

(ङ) जीभ में भी धार होने का क्या अर्थ है?

..............................................................................................................

## (खंड 'ख')

**3. पर्यायवाची शब्द लिखिए–** (2)

हाथी .............................. ..............................  कपड़ा .............................. ..............................

**4. दिए गए तत्सम शब्दों के तद्भव रूप लिखिए।** (2)

घृत – ..............................  पाषाण – ..............................

**5. विलोम शब्द लिखिए–** (2)

उपयोगी ..............................  सद्गुण ..............................

**6. उपसर्ग और प्रत्यय अलग करके लिखिए–** (4)

(क) अनुराग = .............................. + ..............................  लिखित ..............................

प्रभावित = .............................. + ..............................  दुकानदार ..............................

**7. मुहावरों के अर्थ लिखकर वाक्यों में प्रयोग कीजिए–** (3)

(क) ईंट से ईंट बजाना ..............................................................................................................

..............................................................................................................

(ख) सिर में सफ़ेदी आना ..............................................................

..............................................................

(ग) आँखों में खून उतर आना ..............................................................

..............................................................

**8. भाववाचक संज्ञा में बदलिए–** (3)

चमकीला .................... घमंडी .................... मीठा ....................

**9. संज्ञा शब्द छाँटकर भेद बताइए–** (3)

(*i*) वह आगरा जाएगा। ....................

(*ii*) गन्ने में बहुत मिठास थी। ....................

(*iii*) सैनिक लड़ रह है। ....................

**10. लिंग बदलिए–** (2)

वृद्ध .................... विद्वान ....................

**11. रिक्त स्थान में उचित सर्वनाम भरिए–** (4)

(क) .................... व्यक्तित्व बहुमुखी था।

(ख) पहले .................... भारतीय हैं।

(ग) .................... मेरा घर है।

(घ) दरवाज़े पर .................... खड़ा है?

**12. कारक शब्दों को रेखांकित कर भेद बताइए–** (4)

(क) उनकी वाणी में अपार शक्ति थी। ....................

(ख) रामकृष्ण नरेंद्रनाथ को बहुत प्रेम करते थे। ....................

(ग) आँख में तिनका गिर गया। ....................

(घ) राजा दशरथ की तीन रानियाँ थी। ....................

## (खंड 'ग')

**13. नीचे दिए प्रश्नों के उत्तर एक शब्द या एक वाक्य में दीजिए।** (4)

(क) असफलता को हमें किस रूप में स्वीकार करना चाहिए? ....................

(ख) विश्व का पहला सर्वधर्म सम्मेलन कहाँ हुआ था? ....................

(ग) चींटी को क्या नहीं अखरता? ..............................

(घ) स्वामी विवेकानंद के गुरु कौन थे? ..............................

**14. नीचे दिए प्रश्नों के लघु उत्तर दीजिए। (कोई तीन)** (6)

(क) हमें अपनी कमियों को सुधारने के लिए क्या करना चाहिए?

(ख) तिनका निकलने पर कवि की समझ में क्या आया?

(ग) आँगन में भीड़ देखकर बिलवासी ने क्या किया?

(घ) लेखक ने मौसम विभाग के भवन को खास क्यों कहा?

**15. नीचे दिए प्रश्नों के दीर्घ उत्तर दीजिए। (कोई तीन)** (9)

(क) भारत को बचपन का हिंडोला, यौवन का आनंद-लोक तथा बुढ़ापे का बैकुंठ क्यों कहा गया है?

..............................

..............................

..............................

(ख) चौधरी के बेटे ने सेठ को कैसे सबक सिखाया?

..............................

..............................

..............................

(ग) झाऊलाल की चिंता का क्या कारण था? उसकी समस्या का निवारण कैसे हुआ?

..............................

..............................

..............................

..............................

..............................

(घ) जिनेवा की झील की सुंदरता का वर्णन कीजिए।

..............................

..............................

..............................

16. **रिक्त स्थानों की पूर्ति उचित शब्द द्वारा कीजिए–** (4)

(*i*) महिलाओं ने मगरमच्छ पर .......................... की वर्षा की।

(*ii*) चौधरी शहर में .......................... बेचने गया था।

(*iii*) तिनका कविता के कवि का नाम .......................... है।

(*iv*) बचपन में स्वामी विवेकानंद का नाम .......................... था।

17. **निम्नलिखित शब्दों का वाक्य में प्रयोग कीजिए–** (4)

(*i*) मुलायम – ..........................................................................

(*ii*) असमर्थ – ..........................................................................

(*iii*) जीवन – ..........................................................................

(*iv*) जानकारी – ..........................................................................

18. **दिए गए शब्दों को शुद्ध करके पुनः लिखिए–** (4)

सज्जन – ..........................  बिनारी – ..........................

आग्ज्ञा – ..........................  मिठाइ – ..........................

## (खंड 'घ')

19. **किसी एक विषय पर लगभग 80-100 शब्दों में अनुच्छेद लिखिए–** (5),

(*i*) देशप्रेम  (*ii*) मानवता

..........................................................................................

..........................................................................................

..........................................................................................

..........................................................................................

..........................................................................................

..........................................................................................

..........................................................................................

..........................................................................................

..........................................................................................

20. छोटे भाई को कुसंगति से बचने की सलाह देते हुए पत्र लिखिए। (5)

..................................................................................................................

..................................................................................................................

..................................................................................................................

..................................................................................................................

..................................................................................................................

..................................................................................................................

..................................................................................................................

..................................................................................................................

..................................................................................................................

..................................................................................................................

# प्रश्न-पत्र–2

अपठित गद्यांश

पूर्णांक-80

## (खंड 'क')

1. **गद्यांश को पढ़कर नीचे दिए प्रश्नों के उत्तर दीजिए।** (5)

जब लक्ष्मण ने रावण की बहन शूर्पणखा की नाक काट ली तो अपनी बहन के अपमान का बदला लेने के लिए रावण ने साधु का वेश बनाकर छलपूर्वक सीता का अपहरण कर लिया। रामचंद्र जी ने सीता को वापस भेजने के लिए संदेश भेजा लेकिन घमंड में चूर रावण ने उसे ठुकरा दिया। अंततः रामचंद्र जी ने रावण का संहार करके लंका का राज्य उसके भाई विभीषण को सौंप दिया। इस तरह सत्य की असत्य पर विजय हुई।

(क) शूर्पणखा किसकी बहन थी?

..........................................................................................................

(ख) सीता का अपहरण किसने किया था?

..........................................................................................................

(ग) रावण कहाँ का राजा था?

..........................................................................................................

(घ) अंततः रामचंद्र जी ने क्या किया?

..........................................................................................................

(ङ) इस गद्यांश से क्या सीख मिलती है?

..........................................................................................................

2. **पद्यांश को पढ़कर नीचे दिए प्रश्नों के उत्तर दीजिए।** (5)

छेदकर काँटा किसी की अँगुलियाँ,  
फाड़ देता है किसी का वर वसन।  
प्यार-डूबी तितलियों का पर कतर,  
भौंरे का है बेध देता श्याम तन।  
फूल लेकर तितलियों को गोद में,  
भौंरे को अपना अनूठा रस पिला।

निज सुगंधों और निराले रंग से,
है सदा देता कली जी को खिला।

(क) तितलियों के पर कौन कतरता है?

..................................................................................................

(ख) भौंरे का वर्ण कैसा होता है?

..................................................................................................

(ग) भौंरों को अपना अनूठा रस कौन पिलाता है?

..................................................................................................

(घ) फूल क्या करते हैं?

..................................................................................................

(ङ) कोई दो विशेषण शब्द ढूँढ़कर लिखिए।

........................................ ........................................

## (खंड 'ख')

**3. समानार्थी शब्द लिखिए–** (2)

शरीर .......................... ..........................

सिंधु .......................... ..........................

**4. नीचे दिए मुहावरों के अर्थ लिखकर वाक्यों में प्रयोग कीजिए–** (2)

शेखी बघारना – ..................................................................

..................................................................................................

सठिया जाना – ..................................................................

..................................................................................................

**5. विलोम शब्द लिखिए–** (2)

सकारात्मक – .......................... व्यवस्था – ..........................

**6. संधि-विच्छेद कीजिए–** (4)

आनंदोत्सव – .......................... ग्रीष्मावकाश – ..........................

पुनरागमन – .......................... यद्यपि – ..........................

7. **उपसर्ग अलग करके लिखिए–** (2)

अनुपस्थित – ..............................

अभिव्यक्ति – ..............................

8. **प्रत्यय अलग करके लिखिए–** (2)

स्निग्धता – ..............................

अहिंसक – ..............................

9. **नीचे दिए शब्दों के अलग-अलग अर्थ लिखकर वाक्य बनाइए–** (2)

जग ..............................................................................................................................

जग ..............................................................................................................................

घट ..............................................................................................................................

घट ..............................................................................................................................

10. **शब्दों के तद्भव रूप लिखिए–** (2)

उच्च .............................. अग्नि ..............................

11. **दिए गए क्रिया-विशेषण शब्दों को रेखांकित कर भेद का नाम बताइए–** (4)

(*i*) कछुआ धीरे-धीरे चलता है। ..............................

(*ii*) वह अचानक गिर गया। ..............................

(*iii*) खूब पढ़ो। ..............................

(*iv*) बंदर ऊपर बैठा था। ..............................

12. **नीचे दिए प्रश्नों के उत्तर एक शब्द या एक वाक्य में दीजिए।** (4)

(क) धनराज पिल्लै का स्वभाव कैसा है?

..............................................................................................................................

(ख) बुद्धिराम के घर पर शहनाई क्यों बज रही थी?

..............................................................................................................................

(ग) सूर्य के केंद्र का तापमान कितना है?

..............................................................................................................................

(घ) एफिम और एलिशा तीर्थयात्रा पर कहाँ जाना चाहते थे?

..............................................................................................................

## (खंड 'ग')

**13. नीचे दिए प्रश्नों के लघु उत्तर दीजिए।** (8)

(क) जो लोग बिना सोचे-समझे कार्य करते हैं, उनका क्या होता है?

..............................................................................................................

(ख) सोना लेखिका के प्रति अपना स्नेह किस प्रकार प्रदर्शित करती थी?

..............................................................................................................

(ग) बुढ़ापे को बचपन का पुनरागमन क्यों कहा गया है?

..............................................................................................................

(घ) जांतव रेशे किन्हें कहते हैं?

..............................................................................................................

**14. नीचे दिए प्रश्नों के दीर्घ उत्तर दीजिए।** (9)

(क) रेशों के निर्माण में अभिमार्जन का क्या महत्त्व है? इस प्रक्रिया का वर्णन कीजिए।

..............................................................................................................

..............................................................................................................

..............................................................................................................

..............................................................................................................

..............................................................................................................

(ख) ग्लोबल वार्मिंग के कारण और निवारण के उपाय बताइए।

..............................................................................................................

..............................................................................................................

..............................................................................................................

..............................................................................................................

..............................................................................................................

(ग) आईपीसीसी क्या है? यह कैसे कार्य करता है?

..............................................................................................................

.......................................................................................................

.......................................................................................................

.......................................................................................................

.......................................................................................................

**15. रिक्त स्थानों की पूर्ति उचित शब्द द्वारा कीजिए–** (4)

(क) काकी अपने .............................. के साथ रहती थी।

(ख) पृथ्वी के बढ़ते तापमान को .............................. कहते हैं।

(ग) एफिम को गिरजाघर के भीतरी भाग में .............................. खड़ा दिखाई दिया।

(घ) निस्स्वार्थ भाव से प्रेम करने को .............................. कहते हैं।

**16. दिए गए शब्दों के अर्थ लिखिए–** (4)

संपन्न – .............................., रूपसी – ..............................

जग – .............................., धीरज – ..............................

**17. वाक्य-प्रयोग कीजिए–** (4)

प्रसिद्ध – .......................................................................................................

बुढ़ापा – .......................................................................................................

प्राकृतिक – .......................................................................................................

वैज्ञानिक – .......................................................................................................

## (खंड 'घ')

**18. हिरण व शिकारी के बीच हुई वार्तालाप को लगभग 25-30 शब्दों में लिखिए।** (5)

.......................................................................................................

.......................................................................................................

.......................................................................................................

.......................................................................................................

.......................................................................................................

**19. दिए गए विषय में से किसी एक पर लगभग 80-100 शब्दों में अनुच्छेद लिखिए।** (5)

(*i*) मधुर वचन है औषधि (*ii*) मेरा प्रिय खिलाड़ी

20. **एल.ई.डी. टी.वी. की शिकायत के लिए उपभोक्ता प्रकोष्ठ खंड अधिकारी को पत्र लिखिए।** (5)

# 22 सौर ऊर्जा: कल की ऊर्जा

**(केवल पढ़ने के लिए)**

सूर्य अनन्त ऊर्जा का स्रोत है। भारत में अनादिकाल से ही सूर्य को ऊर्जा के स्रोत के रूप में जाना जाता है व इसकी पूजा की जाती है।

आधुनिक युग में सूर्य से मिलने वाली ऊर्जा से बिजली उत्पादन की युक्ति सौर प्रकाश वोल्टीय प्रणाली पर आधारित एक हाइटेक प्रौद्योगिकी है, जिसका प्रयोग आज अनेक प्रकार के कार्यों में हो रहा है। बीसवीं सदी के महान वैज्ञानिक अल्बर्ट आइंस्टाइन ने सूरज की रोशनी को बिजली की धारा में बदलने की तकनीक की खोज की थी।

### आधुनिक युग में सौर ऊर्जा

सूर्य से दो प्रकार से ऊर्जा प्राप्त की जाती है। सूर्य के ताप को केन्द्रित कर, घरेलू उपकरणों जैसे; गीजर, कूकर आदि में प्रयोग किया जाता है।

दूसरी श्रेणी में सौर ऊर्जा को प्रकाश वोल्टीय पद्धति से बिजली की धारा में बदला जाता है।

### सौर ऊर्जा का तापीय प्रयोग

आजकल बाजार में सौर ऊर्जा से चलने वाले अनेक उपकरण आ गये हैं। उनमें से एक है 'सौर जल ऊष्मक'। इसके द्वारा जल को 60 डिग्री सेल्सियस तक गर्म किया जा सकता है जिसका उपयोग घरों और उद्योगों में होता है। 'सोलर कुकर' का प्रयोग भोजन पकाने में होता है। सोलर कुकर आज शहरों और गाँवों में सभी जगह लोकप्रिय हैं। इसमें एक साथ चार प्रकार की भोजन-सामग्री जैसे—चावल, दाल, सब्ज़ियाँ आदि कम समय में व धीरे-धीरे पकाई जाती हैं। धीरे-धीरे पकने के कारण इसमें पकने वाले भोज्य पदार्थों में पोषक तत्व सुरक्षित रहते हैं। यह 'हॉट केस' का भी काम करता है जिससे इसमें बनने वाला भोजन देर तक गर्म और ताज़ा रहता है।

**प्रकाशवोल्टीय (फोटोवोल्टेइक) विद्युत की विशेषता**

सौर पैनलों द्वारा विद्युत उत्पादन में किसी प्रकार का प्रदूषण नहीं होता है। इसको लगाने में आरम्भ में धन लगता है। परन्तु उसके रखरखाव में व विद्युत उत्पादन में खर्चा नहीं के बराबर आता है।

आजकल घर की छतों पर, खेतों में व सुदूर इलाकों में जहाँ बिजली नहीं पहुँचती, सौर्य पैनल लगाकर बिजली प्राप्त की जाती है।

सौर लालटेन को सूरज की रोशनी से 6 से 8 घंटे तक धूप में चार्ज कर तीन घंटे तक बिना किसी खर्च के प्रकाश पाया जा सकता है–कोहरे और बदली में धूप न मिलने के कारण चार्जिंग गति धीमी हो जाती है। आसमान में घूमने वाले मानव निर्मित उपग्रहों में सौर ऊर्जा से ही विद्युत आपूर्ति की जाती है। इस प्रकार के सोलर पैनल के सेल 20 से भी अधिक वर्षों तक कार्य करते हैं।

**सोलर पंप**

**सौर पंप :** सौर पंपों से ज़मीन के नीचे भूगर्भीय जल को तालाब, नदी और अन्य जल स्त्रोतों से पानी खींचकर उसका उपयोग सिंचाई तथा पेयजल के रूप में किया जाता है।

**सौर ऊर्जा का विकास-क्रम :** वर्तमान समय में सौर प्रणाली से बिजली बनाने की प्रक्रिया का खर्च विकासशील देशों के लिए महंगा पड़ता है। परन्तु समय के साथ-साथ, नई तकनीकी विकसित होने पर यह खर्च भी बहुत अधिक कम हो गया है, व भविष्य में और कम होने की संभावना है।

## शब्दार्थ

| | | | |
|---|---|---|---|
| ऊर्जा | – शक्ति | स्रोत | – धारा, ज़रिया |
| अनादि | – जिसका आदि-अंत न हो, शाश्वत | युक्ति | – योजना |
| उपकरण | – साधन, यंत्र | सौर जल ऊष्मक | – सोलर वाटर हीटर/गीज़र |
| मानव निर्मित | – मनुष्य द्वारा बनाए गए | आपूर्ति | – देना, पहुँचना |
| भूगर्भीय | – धरती के अंदर जमा | पेयजल | – पीने वाला जल |

## अभ्यास

1. नीचे दिए प्रश्नों के सही उत्तर पर ( ✓ ) लगाइए–

(क) अनंत ऊर्जा का स्रोत है–

(*i*) चंद्रमा ☐ (*ii*) सूर्य ☐

(*iii*) तारे ☐ (*iv*) पृथ्वी ☐

(ख) आइंस्टाइन ने सूर्य की रोशनी को विद्युत धारा में बदलने की तकनीक की खोज कौन-सी सदी में की थी?

(i) अठारहवीं ☐ (ii) उन्नीसवीं ☐
(iii) बीसवीं ☐ (iv) इनमें से कोई नहीं। ☐

(ग) सौर जल ऊष्मक के द्वारा जल को कितने डिग्री तक गर्म कर सकते हैं?

(i) 40° ☐ (ii) 50° ☐
(iii) 80° ☐ (iv) 60° ☐

(घ) सूर्य से कितने प्रकार से ऊर्जा प्राप्त की जाती है?

(i) 2 ☐ (ii) 3 ☐
(iii) 4 ☐ (iv) 5 ☐

(ङ) सोलर कुकर का प्रयोग क्या पकाने में होता है?

(i) भोजन ☐ (ii) चाय ☐
(iii) रोटी ☐ (iv) कॉफी ☐

(च) 'हॉट केस' का काम कौन करता है?

(i) सोलर पंप ☐ (ii) सौर लालटेन ☐
(iii) सोलर कुकर ☐ (iv) इनमें से कोई नहीं। ☐

(छ) सौर पंप से जमीन के नीचे के ........... को खींचा जाता है।

(i) ऊर्जा ☐ (ii) मिट्टी ☐
(iii) खाद ☐ (iv) जल ☐